思わず知りたくなる！

日本の名言141

目次

第1章 昔丸暗記したなぁ…◆名作の中の名言

第2章　耳が痛いがその通り!◆役に立つ人生の名言

第3章

この人がいってたのか…◆歴史の中の名言

第4章

それができれば苦労はしない◆美学・哲学を表す名言

第5章 有終の美を飾るにはこれ！◆辞世・遺言の名言

第6章 そういえば聞いたことある◆珠玉の名言

第1章

昔丸暗記したなぁ…

名作の中の名言

神代

倭《やまと》は国のまほろば
たたなづく青垣《あおがき》
山隠《やまごも》れる
倭しうるはし。

【倭建命・神代】

倭健命●『古事記』では倭健命、『日本書紀』では日本武尊。諸国平定に成功したが、伊吹山の毒気で病を発し能煩野（のぼの）で亡くなったといわれる。

ケンカが強くて女装が似合う。それが日本神話の英雄・倭建命《やまとたけるのみこと》だ。

彼は父の景行《けいこう》天皇と一緒に、やまと（奈良県）で暮らしていた。遥《はる》か西には、クマソという敵対勢力があった。倭建命は父からその討伐《とうばつ》を命じられる。クマソでは、拠点となる建物の新築を祝って、パーティーが催《もよお》されるところだった。

彼はさっそくかわいい女の子に変装し、大胆《だいたん》にもパーティーに潜《もぐ》り込んだ。

敵のリーダー格はクマソタケルというふたりの兄弟だったが、なんと倭建命はこのふたりにひと目惚《めぼ》れされてしまう。すっかり気に入られた彼は、兄弟のすぐそばで女の子になりすましながら、しばらくドンチャン騒ぎにつきあうハメになった。そして、彼は隙《すき》を見て懐《ふところ》から剣を取り出し、兄弟ふたりを次次と刺殺。クマソを服従させた。

その後、すぐに新たな命令が下った。今度は、東にある12の国々を征服しろというのだ。彼は武勇に優《すぐ》れていたので、父から恐れられていた。そのため故郷に長く留《とど》まることを許されなかった。

父のために必死で戦えば戦うほど、ますます恐れられる。そして、さらに危険な戦場へと送り込まれてしまう。それでも彼はいつか理解してもらえると信じていた。

倭建命は「草薙《くさなぎ》の剣《つるぎ》」を持っていた。この剣には不思議なパワーが宿っている。彼はその力に守られながら、かたっぱしから敵を倒していった。しかし、あるとき素手《すで》で敵《イノシシ》（山の神）を倒そうとしたため、ボロボロに打ちのめされてしまう。故郷に戻りたいと願いながら、彼は力尽き、この歌を詠《よ》んだ。

「やまとはたくさんの国の中でも、とくに素晴らしい国だ。重なりあった山並み、それが青々とめぐり、やまとをつつみ込んでいる。美しくて懐《なつ》かしい僕のふるさと」

二度と戻ることのない故郷を懐かしむ英雄の気持ちが、この歌には込められている。彼が再びやまとの土を踏むことはなかった。その魂《たましい》は白い鳥になって天に昇《のぼ》った。

あかねさす
紫野行き標《しめ》野《の》行き
野守は見ずや
君が袖《そで》振《ふ》る

【額田王●飛鳥】

額田王●7世紀に活躍した女流歌人といわれる。『日本書紀』には鏡王の娘とある。『万葉集』に長歌3首、短歌9首を残している。

額田王《ぬかたのおおきみ》は飛鳥《あすか》時代の女流歌人で、『万葉集』に12首もの作品を連ねている。この飛鳥の歌姫は、男性にモテモテだった。

ある夕方、額田王が野原を散策していたときのこと。遠くに元カレの姿が見えた。このとき額田王は、すでに別の男性と結婚していた。そして今も、夫と一緒にこの地を訪れていたのだ。それなのに元カレは人目もはばからずに手を振ってくる。そこで額田王が詠《よ》んだのが、この歌だ。

「あかね色に染《そ》まる夕暮れの紫野で、あなたは手を振ってくれますが、そんなことをなさって野の番人に見つからないでしょうか」

だれかに見つかったらどうしよう。夫に知られては大変だ。これは、そんなドキドキした気持ちを詠んだ歌だ。

実は額田王の現在の夫と元カレは、兄弟なのだ。夫というのは天智《てんじ》天皇のこと。中大兄皇子《なかのおおえのみこ》という呼び名でも知られている。歴史の授業で必ず習う「大化の改新」という大改革を行った人物だ。そして野原の向こうで手を振っている無邪気《むじゃき》なというか、困った元カレが天智天皇の実の弟・大海人皇子《おおあまのみこ》だ。この人物もまた、歴史の授業ではかなりの有名人だ。

彼は後に、天皇の位《くらい》をかけた争い「壬申《じんしん》の乱」でライバル大友皇子《おおとものみこ》（天智天皇の息子）を撃破《げきは》し、天《てん》武《む》天皇となる。つまり額田王は、歴史に名を残した2人の偉大な天皇から愛された女性だった。

彼女は大海人皇子から、次のような返歌をもらっている。

紫草の　にほへる妹を　憎くあらば
人妻ゆゑに　われ恋ひめやも

意味は、

「紫草のように美しいあなた。あなたを憎いはずがありますか。もしも憎いのだったら、人妻と知りながらこんなふうに袖《そで》を振ったりはしませんよ」

袖には気持ちが宿るとされている。袖を振るということは、愛の告白にもつながる。つまり不倫《ふりん》の歌だ。一説には、宴席《えんせき》のたわむれでやり取りした歌だともいわれている。

銀《しろがね》も金《くがね》も玉も何せむに まされる宝《たから》 子《こ》にしかめやも

【山上憶良●660～733?】

山上憶良●奈良時代を代表する歌人のひとり。第7遣唐使船で唐に渡り、かの地の文化を吸収した。『万葉集』には憶良の歌が78首ある。

山上憶良《やまのうえのおくら》は庶民派の歌人だ。

40歳を過ぎて無位無官だったものの、中国の唐《とう》への使節団・遣唐使《けんとうし》のメンバーに選ばれた後は、官位をもらって出世。伯耆国《ほうきのくに》（鳥取県）や筑前国《ちくぜん》（福岡県）の国司《こくし》を歴任しながら、和歌を作った。民衆の生活や、人生の苦しみに目を向けた作品が多い。

この時代、アジア世界をリードしていたのは中国の唐王朝だった。日本も唐に追いつき追いこせとばかり、国家の仕組みを真似《まね》した。唐を見習って刑法や民法に相当する国家のルールが定められ、天皇を中心とするきちんとした体制が整えられた。律令《りつりょう》国家の誕生だ。

新体制のもとでは、6歳以上の男女に国から田んぼがプレゼントされるようになった。口分田《くぶんでん》と呼ばれるもので、一生使い続けることができた。これで農民の生活は安定したかに見えた。しかし、口分田をプレゼントされた農民は、高い税金を納めることを義務づけられた。まさに、ただより高いものはない、である。

農民は税の過酷《かこく》な取り立てに苦しみ、食べることも着ることもままならず、貧しさにあえいだ。そんな現実に目を向けたのが山上憶良だ。貧しい農民たちはお腹を空《す》かせ、寒さに凍《こご》えていた。その姿を見てショックを受けた彼は「貧窮問答歌《ひんきゅうもんどうか》」で庶民の苦しみを歌っている。

世間《よのなか》を憂《う》しと　やさしと思へども
飛び立ちかねつ　鳥にしあらねば

という歌も残している。「こんなにどうしようもない世の中なら、いっそどこかに飛んでいってしまいたいなぁ。でもおれ鳥じゃないし、やっぱ無理か。ハァ……」という意味だ。

せちがらい世の中にうんざりしていた山上憶良だったが、子供には希望をもっていた。それが冒頭《ぼうとう》の歌だ。

「どんな金銀財宝も、子宝にはおよばない。子供こそが一番の宝物だ」

目をそむけたくなる現実の中で、子供にやすらぎを見出《みいだ》し、愛情をよせる憶良の思いが伝わってくる。

あまの原
ふりさけみれば
かすがなる
みかさの山に
いでし月かも

【阿倍仲麻呂●698〜770】

阿倍仲麻呂●留学生として最盛期の唐に渡り、玄宗皇帝に重用された。また、李白・王維ら著名文人とも交流があった。

「見上げると、遠い空に月がのぼっている。あの月は、むかし春日《かすが》の三笠山《みかさやま》で見たのと同じ月なんだろうなぁ」

中国大陸に渡った阿倍仲麻呂《あべのなかまろ》が、祖国・日本を懐《なつ》かしんで詠《よ》んだ歌だ。彼は二度と日本に戻ることができなかった。

阿倍仲麻呂は朝廷の役人の子に生まれ、小さいころから頭が良かった。成長してからは父と同じ役人となり、毎日忙《いそが》しく働いた。やがて彼は遣唐使《けんとうし》のメンバーに選ばれる。

養老《ようろう》元年（717年）、やる気マンマンで海を渡り、中国へ留学する。まさかもう帰ってこられないとは思ってもいなかった。

中国の首都・長安《ちょうあん》（今の西安《せいあん》）は、刺激《しげき》にあふれていた。そこには世界中の商人、留学生、使節団が集まっており、人口は100万人を超えていた。当時においては、中東のバグダッドと並ぶ世界最大の都市だった。

阿倍仲麻呂は、世界史の最先端を突っ走る長安のエネルギーに魅了《みりょう》された。勉強に励《はげ》んで中国の役人となった彼は、名も中国風に「朝衡《ちょうこう》」と改め、唐王朝の玄宗《げんそう》皇帝に仕《つか》える。玄宗皇帝は「開元《かいげん》の治」という繁栄《はんえい》の時代を中国にもたらした人物で、楊貴妃《ようきひ》を愛したことでも知られている。仲麻呂は玄宗皇帝のもとで重要なポストを歴任した。

しかし日本を離れて20年以上もたつと、さすがに故郷が恋しくなってくる。彼は皇帝に対し、日本に帰りたいと申し出た。だが、皇帝からすっかり頼りにされていたため、なかなか許しを得られなかった。ようやく帰国を許されたときには、中国に来て30年がたっていた。仲麻呂が帰ると聞いて、中国の友人たちは送別会を開いてくれた。冒頭《ぼうとう》の歌は、このとき月を見て詠んだものだ。

仲麻呂は船に乗って日本へ向かったが、嵐のためベトナムに漂着する。陸路で長安まで戻った彼は、再び玄宗に取り立てられた。

その後も仲麻呂は王朝の高官として仕え、770年、中国で亡《な》くなった。

花の色はうつりにけりないたづらに我身世にふるながめせしまに

【小野小町●平安】

小野小町●9世紀中ごろに活躍した女流歌人。美貌の才媛で、伝不詳ということもあり、人々の注目を集め、多くの小町伝説が生まれた。

小野小町《おののこまち》の生涯《しょうがい》は謎に包まれている。生まれた年も死んだ年もわからない。ただ容姿と歌の才能に恵まれた女性であったのは確からしい。彼女は優れた6人の歌人「六歌仙《ろっかせん》」に数えられている。

ちなみに六歌仙の他の顔ぶれは、僧正遍昭《へんじょう》、在原業平《ありわらのなりひら》、文屋康秀《ふんやのやすひで》、喜撰《きせん》法師、大伴黒主《おおとものくろぬし》らだ。

3大美人といえば、クレオパトラ、楊貴妃《ようきひ》、小野小町といわれるが、これは日本だけでいわれていることである。世界的には、小野小町の代わりにヘレネが入る。

ヘレネというのは、ギリシア神話に登場する女性だ。神話の登場人物を差し置いてまで3大美女に数えられた小町だが、その美しさも永遠ではなかった。冒頭《ぼうとう》の歌は、次のような意味だ。

「美しい花の色も長雨が降り続くうちに色あせてしまった。そして私自身も、むなしく物思いにふけっているうちに盛りのときを過ぎてしまった」

和歌のテクニックに長《た》けていた彼女は、掛け言葉をうまく使っている。「ふる」には「降る」と「経《へ》る」という意味があり、同じように「ながめ」には「長雨《ながあめ》」と「眺《なが》め」という意味が込められている。

春の長雨に憂《うれ》いを感じながら、今はもう過ぎ去ってしまった若い日々を思い出す。そんな彼女の姿が目に浮かぶようだ。

小野小町の歌は、『土佐日記』などで知られる紀貫之《きのつらゆき》という歌人から次のように評価された。力強さはないが、しみじみとした趣《おもむき》があり、美女が悩んでいる風情《ふぜい》が感じられる、と。

美しくて才能のあった小町は、世間の注目を集めた。そのため、真偽《しんぎ》のはっきりしないウワサをささやかれるようになり、彼女にまつわる数々の伝説が誕生した。

たとえば、高飛車《たかびしゃ》だったため、男をフリまくっているうちに醜《みにく》く老いてしまった、という「驕慢《きょうまん》」伝説。男に対し「私のところに100日間通い続ければ付き合ってあげる」と条件をつけたが、男は100日目の夜に大雪で死んでしまった、という「通い小町」伝説などがある。

平安

春はあけぼの、やうやうしろくなり行く、山際《やまぎわ》すこしあかりて…

【清少納言・平安】

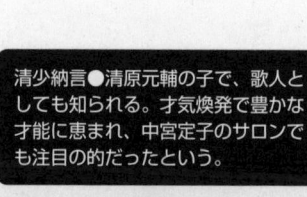

清少納言●清原元輔の子で、歌人としても知られる。才気煥発で豊かな才能に恵まれ、中宮定子のサロンでも注目の的だったという。

清少納言《せいしょうなごん》は中宮定子《ちゅうぐうていし》に仕《つか》えていた。

ある雪の日、定子から「香炉峰《こうろほう》の雪って、どう?」と聞かれる。香炉峰というのは中国にある山のこと。しかしピンときた清少納言は、すぐに窓のすだれをかかげ、雪がよく見えるようにした。

実は唐《とう》の詩人・白楽天《はくらくてん》の漢詩に、「香炉峰の雪はみす(すだれ)をかかげて見る」という一節があるのだ。このように、清少納言はウィットに富んだ女性だった。

彼女の機知とユーモアがぎっしりとつまった作品。それがいわずと知れた随筆集《ずいひつ》『枕草子《まくらのそうし》』だ。鋭い感覚と独特の感性で、後宮の日常が生き生きと描《えが》かれている。その冒頭《ぼうとう》の一文がこれ。

「春ってやっぱ夜明けでしょ。東の空がだんだん白くなって、山際《やまぎわ》がかすかに明るくなるのがたまんないよね。紫がかった雲がスーッと細くたなびいて、もう最高」

このころ、アジアの文化の中心は中国だった。もちろん日本も中国の強い影響を受けていたが、寛平《かんぴょう》6年(894年)に遣唐使《けんとうし》が廃止《はいし》されたことで、日本独特の「国風文化」が育っていく。かな文字が発達し、女流文学が盛んになってくると、文才に恵まれた清少納言はその旗手《きしゅ》として大いに注目された。

しかし、華《はな》やかな日々はいつまでも続かなかった。当時、朝廷で力をもっていたのは藤原氏だった。彼女が仕えていたのは、その中でも藤原道隆《ふじわらのみちたか》を中心とするファミリーだった。

道隆は関白として栄華《えいが》を誇《ほこ》っていたが、長徳《ちょうとく》元年(995年)に急死してしまう。これをきっかけに、残された道隆ファミリーは没落《ぼつらく》。

代わって、道隆の弟の道長《みちなが》が台頭《たいとう》することになる。それにともない、サロンの中心も定子から道長の娘・彰子《しょうし》へと移った。

失意の定子は長保《ちょうほ》2年(1000年)にこの世を去ってしまう。すると清少納言は宮仕えをやめ、どこかへ姿を消した。その後、彼女がどこでどんな人生を送ったのかは、よくわかっていない。

いずれの御時《おんとき》にか、女《にょう》御《ご》更《こう》衣《い》あまたさぶらい給《たま》ひけるなかにいとやんごとなききはにはあらぬが…

【紫式部●平安】

紫式部●文人の藤原為時の娘。藤原宣孝と結婚。『源氏物語』が藤原道長の目にとまり、中宮彰子付の女房として出仕したという。

紫式部《むらさきしきぶ》は『源氏物語《げんじものがたり》』の作者として有名だが、正確な名前は伝わっていない。

彼女には弟がいた。あるとき、父が弟に漢文を教えていると、そばで聞いていた彼女のほうが、先に覚えてしまったという。

聡明《そうめい》な彼女は、藤原氏の絶頂期を築いた道長《みちなが》という人物にスカウトされる。道長の娘・彰子《しょうし》（一条天皇の后《きさき》）に仕《つか》えることになり、宮中の社交場にデビューした。

宮中には多くの女性が仕えていたが、貴族の娘の中でもとくに才能のある者たちが集まっていた。彼女は『紫式部日記』の中で、宮仕えの女性たちのキャラクターを生き生きと伝えている。

とくに目を引くのが、清少納言《せいしょうなごん》に関する記述。紫式部と清少納言は、宮中を代表する才媛《さいえん》として、ライバルのような関係にあった。

「清少納言は知ったかぶりをして漢字を書きまくっているけど、間違いだらけだ」

さらに、式部はこうも書いている。

「清少納言のような女の行く末に、いいことがあるはずがない」

痛烈《つうれつ》な批判だが、彼女はそれだけ清少納言のことを意識していた。清少納言が随筆《ずいひつ》『枕草子《まくらのそうし》』を書き上げると、続いて紫式部も『源氏物語』という大傑《だいけっ》作《さく》を完成させる。

右ページの文章はその書き出しだ。

「どの帝《みかど》のときの話だったでしょう。宮廷に仕えるたくさんの女性の中に、それほど良い家柄《いえがら》でもないのに、とりわけ帝の寵愛《ちょうあい》を受けている方がいました」

この作品は光源氏《ひかるげんじ》を主人公とする恋物語で、紫の上、夕顔《ゆうがお》など400人におよぶ女性が登場する。古典文学の傑作として読みつがれ、多くの作家に影響を与えた。

江戸時代の学者・本居宣長《もとおりのりなが》はこの物語のエッセンスを「もののあはれ」と評した。心を打つしみじみとした情感という意味だ。日本人らしい「あはれ」の風情《ふぜい》をたたえる『源氏物語』は日本だけではなく世界中で愛されている。

祇園精舎《ぎおんしょうじゃ》の鐘《かね》の声、
諸行無常《しょぎょうむじょう》の響《ひびき》あり、
沙羅双樹《さらそうじゅ》の花の色、
盛者必衰《じょうしゃひっすい》の
理《ことわり》をあらわす…

【平家物語●鎌倉】

平家物語●鎌倉時代に成立したとされる、平氏の栄華と滅亡を描いた一大叙事詩。作者は諸説あり、確証は得られていない。

神様でも何でもかかって来い!

平清盛《たいらのきよもり》にはそんな気迫《きはく》があった。清盛が僧兵と戦っていたときのこと。彼は神輿《みこし》を担《かつ》ぎ出してきた敵からこういわれた。

「討《う》てるものなら討ってみろ。おれたちには神仏がついてるんだ。バチが当たるぞ!」

清盛はなんのためらいもなく神輿に矢を放った。僧兵たちは驚いて逃げてしまった。清盛はその後、どんどん出世する。神仏をも恐れない彼だ。人間界に敵がいるはずもなく、すぐに天下を取った。

こうして平家の独裁《どくさい》が始まるが、その栄華《えいが》は長くなかった。右の文章は、平家の繁栄《はんえい》と没落《ぼつらく》を描《えが》いた『平家物語』の有名な書き出しだ。

意味は次のようになる。

「祇園精舎の鐘の音《ね》は、万物《ばんぶつ》のはかなさを教えてくれる。沙羅双樹の花の色は、釈迦《しゃか》が亡《な》くなったとき、すべて白く枯《か》れてしまった。これは勢い盛んな者も必ずいつかは衰《おとろ》えるの道理をあらわしている。権力を欲しいままにしている者も、そう長くは続かない。春の夜の夢のようにはかないものだ。どんなに威勢がいい者も結局は滅びてしまう。まるで風に舞う塵《ちり》のように無力だ」

この物語は、琵琶《びわ》法師に語り継《つ》がれて世の中に広まった。和文と漢文がミックスされた独特の文体は、リズミカルに流れていく。

作者がだれなのかは、よくわかっていない。のちの時代の随筆《ずいひつ》家・吉田兼好《けんこう》は『徒然草《つれづれぐさ》』の中で、信《しな》濃前司《ののぜんじ》行長《ゆきなが》の名をあげているが、はっきりしたことはわからない。

物語はまず清盛を中心とする平家の絶頂期を描いている。やがて清盛が病死すると、一族の勢いは衰《おとろ》えていく。平家の人々は、ライバルの源氏によって都を追い出され、日本列島を西へ西へと逃げた。そして山口県の壇《だん》ノ浦《うら》まで追いつめられたところで、源義経《みなもとのよしつね》によって滅ぼされてしまう。

しかし平家を滅ぼした義経もまた、仲間割れのために命を落とす。まさに盛者必衰。平家物語は全編、この無常観に貫《つらぬ》かれている。

ゆく河の流れは絶えずして、しかも、もとの水にあらず。

【鴨長明●1155～1216】

鴨長明●鎌倉時代初期の歌人・文筆家。下賀茂神社の禰宜の家に生まれた。後に出家して蓮胤となり、日野山に方丈の庵を結んだ。

大ピンチというのは、人生に一度でもあればもうたくさんだ。しかし『方丈記《ほうじょうき》』を書いた鴨長明《かものちょうめい》の人生は大ピンチの連続だった。

彼が生まれたのは平安時代の末期。武士が力を持ち始めたころだ。世は源氏と平氏の覇権《はけん》争いによって大きく乱れていた。日本の歴史の中でも、とりわけ激しい動乱の時代だった。

そんな中で鴨長明は数々のピンチに遭遇《そうぐう》する。まずは20代の半《なか》ば、大火事を経験した。20代の終わりには、つむじ風の被害を受ける。同じ年、時の権力者である平清盛《たいらのきよもり》が首都を京都から福原《ふくはら》に移したため、世の中は混乱した。

鴨長明のピンチはこれだけではない。30歳ごろには、大飢饉《だいききん》を経験する。さらにその後は地震にもあっている。

負のイベント満載《まんさい》の前半生だが、これが『方丈記』を生み出す土壌《どじょう》となった。

人の世のはかなさを痛感した彼は、出家して日野山（京都府）にささやかな住まいをかまえる。彼はここで静かな生活を送り、そのかたわら、これまでの体験を書き残すことにした。有名な冒頭《ぼうとう》の一文はこうして生まれる。

「河の流れは絶えることがなく、しかも、おなじ水は二度と流れない」

絶え間なく変化する世の中に翻弄《ほんろう》され続けてきた鴨長明は、これまでの人生で感じた無常観をこの一文に凝縮《ぎょうしゅく》させた。

『方丈記』には、対句《ついく》や比喩《ひゆ》が巧《たく》みに用いられており、全体的にすっきりした語調で整えられた随筆《ずいひつ》だ。前半では、鴨長明が体験したたくさんの大ピンチが描かれている。ノンフィクションだけに、スリル満点だ。

後半になると、彼の現在の悩みがつづられている。彼は小さな住まいでひっそりと暮らす生活を愛していたが、これに執着《しゅうじゃく》することは「何事にもとらわれない」という仏の教えに背《そむ》くのではないかと悩む。こうした繊細《せんさい》な感覚の持ち主だからこそ、人の心に残る名作を残せたのかもしれない。

鎌倉

つれづれなるまゝに、日ぐらし硯《すずり》に向ひて、心に移り行くよしなし事を…

【兼好法師●1283?~1350?】

兼好法師●鎌倉末期から南北朝の文学者・随筆家。吉田兼好の名で知られる。歌人としても一流で、二条為世門の和歌四天王のひとり。

兼好《けんこう》法師が8歳のときのこと。父から、仏はもともと人間だったという話を聞いた。兼好は、「人間がどうやって仏《ほとけ》になったの?」と質問した。父は、「先輩《せんぱい》の仏の教えを受けたんだよ」と答える。すると兼好は、「じゃあ、一番最初の仏はだれに教えてもらったの?」と問い返して、父を困らせたという。子供のころから知的探究心が旺盛《おうせい》だったようだ。そんな彼が書いた『徒然草《つれづれぐさ》』の内容は、すごろくの必勝法から人生のはかなさまで、実に多岐《たき》にわたっている。

有名な冒頭の一文は次のように続く。

「そこはかとなく書きつくれば、怪《あや》しうこそ物狂《ものぐる》ほしけれ」

「今日は何もすることがない。だから一日中机に向かって、心に浮かぶ気まぐれをあてもなく書いてみた。そうすると何だか別の世界に引き込まれていくような不思議な気分になる」という意味だ。

この作品にはいろいろな話が載《の》っている。たとえば、大好きなイモをお腹《なか》いっぱい食べるために、家まで売ってしまったお坊さんの話。自分の飼《か》い犬を化け猫と勘違《かんちが》いして夜中に大騒ぎした男の話。どれも、つい人に話したくなるようなエピソードだ。

また次のような話もある。

えらい僧侶《そうりょ》になろうと決心した男が、仏教の勉強よりもまず先に乗馬を習った。なぜなら法事に呼ばれたとき、馬に乗れないと困るからだ。男は次に歌を習った。法事の後、飲み会で芸のひとつもできないと決まりが悪いからだ。

このふたつがプロのレベルに達してから、男はやっと仏教の勉強を始めたが、もうすっかり年を取っていた。人はいつ死ぬかわからない、だから今を生きるしかないと兼好は考えていた。

またこうもいっている。明日、必ず死ぬと予言されれば、人は一日を大切に生きる。でも死ぬことを知らなければ、普段どおりなんとなく生きるかもしれない。どちらも同じ一日に変わりはないのに。

この時代の優《すぐ》れた随筆《ずいひつ》に共通する仏教的無常観が、『徒然草』の底にも流れている。

人間は欲に手足の付いたるものぞかし。

【井原西鶴●1642〜1693】

井原西鶴●15歳ごろから俳諧を始め、談林派の俳人として活躍した。句風は自由闊達で奇抜。浮世草子『好色一代男』の著者。

右の言葉は「人間なんてのは、欲望が服を着て歩いているようなもの」という意味になる。江戸時代の人気小説家・井原西鶴《いはらさいかく》が『諸艶大鑑《しょえんおおかがみ》』の中で書いた言葉だ。

彼は大坂商人の子として生まれた。当時、大坂は流通の拠点《きょてん》としてフル稼働《かどう》し、江戸との間には定期便が行き来した。井原西鶴は活発な経済活動のど真ん中で、町人たちの熱気を肌に感じながら成長した。

当時、商人の教養のひとつに俳諧《はいかい》があった。俳諧というのは、5・7・5と7・7の句を交互に詠《よ》んでいく和歌のようなものだ。俳諧の才能を発揮《はっき》した西鶴は若くして師匠《ししょう》となる。

妻を亡《な》くすと商売から手を引き、草庵《そうあん》に移り住んで創作活動に没頭《ぼうとう》するようになった。といっても、草庵にこもりきりだったわけではなく、驚きのパフォーマンスで世間の注目を浴びている。一日一夜でどのくらいの数の句を詠めるかにチャレンジしたのだ。西鶴はこのとき、2万3500句という大記録を樹立している。ギネスブックものだ。

やがて、西鶴は俳諧の世界に限界を感じる。俳諧は文字数が限られているからだ。彼はそうした制約を取り払って、もっと自由に書きたいと思うようになった。

そこで、民衆を描いた風俗小説『好色一代男《こうしょくいちだいおとこ》』を執筆《しっぴつ》する。とはいえ遊び半分で書いたため、作品には署名《しょめい》すらしていないし、挿絵《さしえ》も自分で描《えが》いている。しかしこの小説が大評判となり、すぐに江戸でも出版が決まった。このときはさすがに、浮世絵師《うきよえし》の菱川師宣《ひしかわもろのぶ》に挿絵を描いてもらっている。

西鶴はその後も、『好色五人女』『日本永代蔵《にっぽんえいたいぐら》』『世間胸算用《むなざんよう》』など、町人の生活に密着した作品を描き続けた。冒頭《ぼうとう》の一文からもうかがえるように、西鶴は作品の中で人間の物欲・色欲を鋭《するど》くえぐり出していった。

そうした自由なスタイルは、当時の文学界では異《い》端視《たんし》される。しかし読者からは支持され、明治以後になると、森鷗外《もりおうがい》や志賀直哉《しがなおや》といった文豪《ぶんごう》からも高い評価を受けるようになった。

江戸

月日は百代《はくたい》の過客《かかく》にして行きかふ年もまた旅人なり。

【松尾芭蕉●1644～1694】

松尾芭蕉●名は宗房。別号として桃青、風羅坊などを称した。江戸は深川の芭蕉庵で独自の俳諧を興した。その後、生涯を旅に過ごす。

死ぬかもしれない、と松尾《まつお》芭蕉《ばしょう》は思った。旅の出発を前にして、彼は次のような句を詠《よ》んでいる。

野ざらしを　心の風に　しむ身かな

意味は「旅の途中で行き倒れ、骨をさらすかもしれない。そんな覚悟《かくご》で旅立つと、いつもより風が身にしみる」というもの。

当時の旅は危険だったから、相当の覚悟が必要だったのだろう。

松尾芭蕉は伊賀の上野《うえの》で生まれた。当時、上野では俳諧《はいかい》がブームだった。北村季吟《きぎん》という有名な俳諧師の弟子が多く住んでいたからだ。そのため、芭蕉も小さいころから俳諧に親しんだ。

成長してからは、伊賀の藤堂《とうどう》家に仕《つか》えて武家奉公《ぼうこう》をしたが、その後は江戸に出て俳諧師をめざす。俳諧だけでは食べていけないので、事務のアルバイトもした。

やがて、俳諧の実力が認められてくると、師匠《ししょう》として自立。弟子も増え、生活も安定してきた。しかし純粋に芸術の道を究《きわ》めたいと考えた芭蕉は、安定した師匠の立場を捨て、質素《しっそ》な家に引っ越して創作に没頭《ぼうとう》した。

家のそばに芭蕉の木が生えていたことから、「芭蕉」と号するようになる。

彼は日本各地を回り、旅先でインスピレーションを得て句を詠んでいった。中でも傑作《けっさく》といわれるのが、『奥の細道』である。これは東北・北陸をめぐって、美濃《みの》（岐阜県）の大垣《おおがき》にいたるまでの紀行文だ。右ページの言葉は『奥の細道』の序文で、意味はこうなる。

「月日は永遠の旅人。そして、来ては去り、去ってはまたやってくる年も、同じように旅人である」

時の流れを旅人にたとえたところが芭蕉らしい。

旅に旅を重ねた芭蕉は、とうとう病に倒れてしまう。そしてこんな句を詠んだ。

旅に病んで　夢は枯野《かれの》を　かけ廻《めぐ》る

これを最期《さいご》に芭蕉は息を引き取る。安定した生活を捨て、旅人であり続けることを選んだ彼は、死の床《とこ》にあっても、なお夢を見続けていた。

朝顔に釣瓶《つるべ》とられて貰《もら》ひ水

【加賀千代女●1703～1775】

加賀千代女●加賀国松任の表具師増屋六兵衛の娘。俳人。12歳のとき、各務支考に認められ、有名に。生涯で1700余りの句を残した。

加賀千代女《かがのちよじょ》のことを、心やさしい女性と見るか、先の読めないうっかり者と見るかは、人によって異なる。

彼女は加賀国（石川県）に生まれた俳人で、右の朝顔の句によって名声を高めた。

句の意味はこうだ。

「朝、水を汲《く》もうと井戸へ行ったところ、朝顔の蔓《つる》が井戸のつるべに巻きついていました。つるを切ってしまうのもかわいそうなので、お隣《となり》から水をもらうことにしました」

つるべというのは、井戸の水を汲むときに使う紐《ひも》つきのバケツのようなもののこと。彼女はそこに巻きついた朝顔のつるを切ったりせずに、そのままにしておいた。草木を思いやる、繊細《せんさい》な気持ちが伝わってくる。

しかし江戸の商人たちはこの句を少し違った意味で詠《よ》んだらしい。厳《きび》しいビジネスの世界では、常に先を読む力が必要とされる。朝顔の成長くらい予想できなくてどうする、というわけだ。

また、植物のつるは非常にゆっくり延びるので、一晩のうちにつるべに巻きつくことなどありえない。だからこの句は、ちょっとわざとらしいという見方もある。

後に千代女自身が「朝顔に」を「朝顔や」と詠み直した。すると「朝顔や」で一度意味が途切れるため、別の解釈も生まれた。つるべが泥棒《どろぼう》に盗まれたのでお隣に水をもらいに行ったという解釈だ。

いずれにしろ、ひとつの句がこれほど話題になるのはすごい。殿様までもが彼女に会いたがったという逸話《いつわ》がある。

殿様は千代女の顔を見るなり、次の一句を詠んだ。

加賀の千代　なんにたとえよ　鬼瓦《おにがわら》

千代女の容姿を、鬼瓦にたとえたのだ。ひどい話だが、彼女は怒るでもなくこう返した。

鬼瓦　天守閣《てんしゅかく》をも　下に見る

鬼瓦は天守閣の屋根にあるので、天守閣（殿様）をも下に見ているという意味だ。千代女は見事にやり返したのだ。

痩蛙《やせがえる》まけるな一茶《いっさ》是《これ》に有《あり》

【小林一茶●1763～1827】

小林一茶●信濃国出身。江戸で二六庵竹阿に学ぶ。全国を行脚し、俳諧の修行を重ねて故郷に戻り『おらが春』などの作品集を残した。

右の句は俳人・小林一茶《こばやしいっさ》の代表作で、痩蛙の相撲《すもう》を応援するものだ。

「痩蛙よ、負けるな！　おれがついてる！」

実はこれ、ガマガエルの生殖《せいしょく》行為の一シーンなのである。一匹のメスを奪い合って、たくさんのオスが激しいバトルを繰《く》り広げるというものだ。その戦いの中で一匹の年老いた痩蛙が、はじき飛ばされてしまったのを見て、一茶は思わず「負けるな」とエールを送った。

このとき一茶は54歳。人生で初めて妻を迎えたのは、つい2年前、52歳のときだ。そのため彼は、痩蛙に自分の姿を重ね合わせていたのだろう。

一茶は信濃国《しなののくに》（長野県）に生まれ、少年時代に江戸へ奉公《ほうこう》に出て俳諧《はいかい》と出会った。20代で師匠《ししょう》のところに入門。師匠が亡《な》くなると数年間西国《さいごく》を回って江戸に戻り、その後は独自の作風で創作を続けた。

一茶の作風は、当時流行していた「芭蕉風」とはちょっと異なるものだった。どこかユーモラスで気さくな雰囲気があり、さりげなくとぼけている。動物を題材にした句も多い。

たとえば、日本にやってきた渡り鳥の雁《かり》を見て、こんな句を残している。

けふからは　日本の雁ぞ　楽に寝よ
これは「今日からは日本の雁だ。もうつらい旅はしなくていい。気楽に寝たらいいよ」というもの。さらに、
春雨や　喰《く》われ残りの　鴨《かも》が鳴く
という句もある。春雨の中、鴨の鳴き声を聞いて「喰われ残り」と表現するところに一茶らしいユーモアを感じる。

一茶は自分の作風がユニークすぎることを自覚していたのか、弟子には、

「おれの真似《まね》はするな。松尾芭蕉を見習え」

といっていた。

一茶の晩年は不幸が続く。結婚はしたものの妻子に次々と死なれ、火事で家を失う。その後はかろうじて焼け残った部分でひっそりと暮らしながら生涯《しょうがい》を閉じた。

智に働けば角が立つ。情に棹《さお》させば流される。意地を通せば窮屈《きゅうくつ》だ…

【夏目漱石●1867〜1916】

夏目漱石●本名金之助。孤独なイギリス留学後、東京帝国大学で小泉八雲の後任教師に。その後、人気作家となり文学の道を選ぶ。

中国にこんな故事《こじ》がある。

ある男が「石を枕《まくら》にして、流れで口をすすぐ」というべきところを、間違って「石で口をすすぎ、流れを枕にする」と、逆にいってしまった。でも男は間違いを認めようとしなかったので、漱石《そうせき》（石で口をすすぐ）は頑固者《がんこもの》の代名詞となった。夏目漱石の名はこれに由来する。

くだらない創作。漱石は自分の作品のことをそういいきった。

彼は初めから小説家を目指していたわけではなかった。高等学校では建築家を志《こころざ》したこともある。やがて英文学に興味をもち、東大の英文科に進んだ。卒業してからは東京高等師範《しはん》学校の講師《こうし》となる。まさにエリートコースを爆走していた。しかし彼は突然講師の職を辞《じ》し、愛媛県の中学校の教諭に転職する。これには周囲もビックリだ。

ちなみに、この学校はのちに小説『坊っちゃん』の舞台となる。

漱石はしばらく教師として生活したが、その後文部省からイギリス留学を命じられる。留学中は神経衰弱《すいじゃく》にかかったものの文学の研究をつづけ、意気揚揚《いきようよう》と帰国。しかし意外な運命が待ち受けていた。

お金がないのだ。漱石は生活苦を味わい、食べるために奔走《ほんそう》し、「最後に下らない創作などを雑誌に載《の》せなければならない仕儀《しぎ》に陥《おちい》りました」と語っている。

漱石のいうところのくだらない創作『吾輩《わがはい》は猫である』は、雑誌「ホトトギス」に掲載《けいさい》され、彼の出世作となった。その後、漱石は小説『草枕《くさまくら》』を発表する。右の言葉は『草枕』の有名な書き出しだ。

世の中は住みにくい。だからといってどこかへ引っ越しても、そこもやはり人の世。住みにくいことに変わりはない。だからこそ芸術が必要だと漱石はいう。

絵の具を使わなくても心の中に絵は描《えが》ける。声に出さなくても心の中で詩は読める。つらい世の中を「清くうららか」に映《うつ》す鏡が、胸の内にあればいい。そんなメッセージが込められている。

君死にたまふこと勿《なか》れ。

【与謝野晶子●1878〜1942】

与謝野晶子●夫・与謝野鉄幹との間に11人の子をもうけながら、近代短歌の中に浪漫主義を追い求めた。代表作は歌集『みだれ髪』。

右の詩は、与謝野晶子《よさのあきこ》の代表的な長詩の冒頭《ぼうとう》部分だ。日露戦争に出征《しゅっせい》する弟に向けて詠《よ》んだもので、詩の全体の意味はおよそ次のようになる。

「弟よ、私は泣いています。どうか死なないでください。末っ子のあなたは、とてもかわいがられて育ちましたね。お父さんもお母さんもあなたに人を殺すように教えたでしょうか。戦場で人を殺したり殺されたりするために、あなたを24歳まで育てたわけではないんです。戦争に勝つか負けるかなんて、どうでもいい。とにかく死なないでください」

この詩を発表したとたん、晶子は世間から大ブーイングを浴びた。

日本が一丸となって戦争に臨《のぞ》むべきときに、戦場で死んではいけない、人殺しになってはいけないとは何ごとか！　というわけだ。

晶子は「戦争に反対する罪人」や「危険思想の持ち主」というレッテルを貼《は》られ、ずいぶん叩《たた》かれた。

しかし彼女はこのバッシングに対して、ひるむことなく反論した。

「女はだれでも戦争が嫌《きら》いです。国家のために死ねとあおりたてることこそ、危険思想ではないでしょうか」

晶子は堺《さかい》の大きな商家に生まれた。小さいころから『源氏物語』を読みふけり、女学校を卒業するころには歌を雑誌に投稿していた。

その後、雑誌「明星《みょうじょう》」が発刊されると、そこに作品を発表して注目を集める。

明治34年（1901年）には、処女歌集『みだれ髪』を刊行。これは赤裸々《せきらら》な性的賛美の歌集で、世の中にセンセーションを巻き起こした。長詩「君死にたまふこと勿れ」を発表したのはその3年後、1904年のことだ。

この詩によって晶子は、社会問題の発言者としても注目されるようになる。

彼女は女性解放運動や自由教育の実践《じっせん》といったテーマにも取り組んだ。一方で少女のころから大好きだった『源氏物語《げんじものがたり》』の口語訳《こうごやく》『与謝野源氏』を完成させるなど幅広く活躍《かつやく》した。

雨ニモマケズ 風ニモマケズ…

【宮沢賢治●1896〜1933】

宮沢賢治●岩手県花巻に生まれ、盛岡高等農林学校を卒業。妹の看病で上京。賢治の残した作品の多くは、その死後に発表されている。

宮沢賢治《みやざわけんじ》は熱心な浄土真宗《じょうどしんしゅう》の家に生まれたこともあって、早くから宗教に興味をもっていた。学生時代には、寄宿舎を抜け出してお寺に下宿し、そこで参禅《さんぜん》をしたり、お坊さんの話を聞いたりもした。ある日、突然、坊主頭《ぼうずあたま》になって学校に行き、クラスメイトをびっくりさせたこともある。

農林学校で土壌《どじょう》や地質について学んだ彼は、卒業してから教師となった。彼はある人から、「ペンを取る者は、ペンの先から信仰がにじみ出るようでなければいけない」といわれたという。

童話の執筆《しっぴつ》に没頭《ぼっとう》した彼は『注文の多い料理店』『銀河鉄道の夜』『風の又三郎』などの作品を生み出していった。しかし、生前はほとんど反響が得られなかった。作品が広く認められるようになったのは、死後のことだ。

教師を辞《や》めた彼は、農業指導者として活躍《かつやく》するが、ある日、肺炎のために倒れてしまった。死を覚悟《かくご》したのか、彼はこのとき両親に宛《あ》てて遺書を残している。「雨ニモマケズ」の詩は、この闘病《とうびょう》生活の中で生まれた。病床《びょうしょう》で自戒《じかい》の念を込めて書いたもので、自分はこうありたい！という彼の願望が表れている。

「雨にも負けず、風にも負けず、雪にも夏の暑さにも負けない丈夫な体を持ちたい。欲はなく、決して怒らず、いつも静かに笑っていられるような人間でありたい」

死の前日のエピソードは、賢治がまさにそういう人間であったことをわれわれに教えてくれる。

その日、病床に臥《ふ》していた賢治のところにひとりの農夫がやってきた。農業のことで相談をもちかけてきたのだ。そのとき賢治は病状が思わしくなかったため、医者から絶対安静を命じられていた。それでも賢治は相談にのった。

農夫は一度帰ったが、夜になってまたやってきた。賢治の家族は病状を説明して、農夫に帰ってもらおうとした。しかし賢治は、病をおして農夫と話し込んだ。

賢治が亡《な》くなったのはその翌日。37歳だった。

ふるさとは遠きにありて思うもの。

【室生犀星●1889〜1962】

室生犀星●石川県生まれの詩人・小説家。本名は照道。不幸な生い立ちながら、感性豊かで『幼年時代』『杏っ子』などの代表作を残す。

詩人になりたい！　東京に行けばデビューできるかも。そんな思いで室生犀星《むろうさいせい》はふるさとの金沢をあとにした。

ふるさとには、あまりいい思い出はなかった。犀星は年老いた父と女中の間に生まれたが、すぐに寺に預《あず》けられてしまう。小学校は1年で退学した。実の母とは生別したままだった。裁判所で働いていたとき、上司から俳句の手ほどきを受ける。犀星はこれで文学に目覚め、東京行きを決意したのだ。

しかし道は険《けわ》しかった。金沢から東京へ移り住んだものの、詩人としてなかなか芽が出ず、放浪と退《たい》廃《はい》の日々を送る。

お金がなくて寂《さび》しくて、どうしようもなくなった犀星は、ふるさとの金沢へ帰った。しかし、犀星の心はやはり癒《いや》されなかった。

こうして右の詩が生まれる。

「ふるさとは、実際にそこへ帰るよりも、遠くから思ったほうが素敵《すてき》なもんだ」

詩は続く。ふるさとは遠くにあって悲しく歌うもの。どんなに落ちぶれても、決して帰るところではない。

東京に戻った彼は、詩人の萩原朔太郎《はぎわらさくたろう》と親交を結び、積極的な文学活動を始める。やがて「文章世界」の誌面に詩が掲載《けいさい》され、初めて原稿料をもらった。さらに詩誌「感情」を創刊。萩原朔太郎とともに大正期のもっとも才能のある詩人として確固《かっこ》たる地位を築いた。

後に芥川龍之介《あくたがわりゅうのすけ》とも仲良くなり、活動の幅《はば》を小説にまで広げた。その間、プライベートでは脳溢血《のういっけつ》で倒れた妻を、20年以上にわたって手厚く看護《かんご》するなど愛妻家の一面を見せる。

友人との逸話《いつわ》が面白《おもしろ》い。あるとき、友人の尾山篤《あつ》二郎《じろう》という歌人が妻をめとった。その女性は犀星のかつての恋人だった。そのため犀星は篤二郎と絶交してしまった。また、こんな話もある。犀星の死に際《ぎわ》、ひとりの男友だちが見舞いに駆けつけてくれた。しかし犀星は、「男なんかに会ってもしようがない」といって面会を拒否したという。

名作の名言 こぼれ言葉

あをによし
ならのみやこは咲く花の
にほふがごとく
今盛りなり
【小野老・奈良】

これは万葉集にも載《の》っている有名な歌だ。詠《よ》んだのは、大宰府《だざいふ》に勤務《きんむ》していた歌人・小野老《おののおゆ》。彼が平城京（奈良の都）のすばらしさを表現したものだ。意味は「平城京はまるで匂《にお》いたつ満開の花のようににぎやかだ。いま最高に盛り上がっているよ」となる。

710年に華々《はなばな》しくオープンした平城京。そのきらびやかな繁栄《はんえい》が目に浮かんでくる。しかしその栄華《えいが》も長くは続かなかった。

オープンから30年後の740年には、都が一時、別の場所に移される。さらにその後も都はあちこちを転々とし、天下は不安定になっていった。

平城京の衰退《すいたい》と時期を同じくして、小野老もこの世を去る。彼のいた大宰府で天然痘《てんねんとう》が流行し、その犠牲《ぎせい》となったのだ。天然痘は大宰府から全国に広がり、多くの人が亡《な》くなったという。

恋しくば
尋ね来てみよ和泉なる
信田の森のうらみ葛の葉
【安倍晴明●921~1005】

安倍晴明《あべのせいめい》には不思議な力があった。陰陽師《おんみょうじ》としてときの権力者に奉仕《ほうし》し、占《うらな》いや予言を的中させるなど活躍《かつやく》。その道の第一人者となった。彼のエピソードは『今昔《こんじゃく》物語集』や『古今著聞集《ここんちょもんじゅう》』にも数多く記されている。

晴明が生まれる前のこと。彼の父が一匹の狐《きつね》を助けたことがあった。後日、狐は美しい女性に姿を変えて戻ってきた。父とこの女性の間にできた子が晴明だ。

狐である母は、晴明がまだ幼いときに森へ帰ることになった。その際、母が書き残していった一首がこれ。晴明の霊力はこの母から授《さず》けられたものだ。安倍晴明は京都堀《ほり》川一条《かわいちじょう》にある安倍晴明神社の祭神《さいじん》となっている。

夜も涼し
寝覚のかりほ
手枕も
ま袖も秋に
へだてなきかぜ
【兼好法師●1283?~1350?】

夜も憂し
ねたくわが背子
はてはこず
なほざりにだに
しばしとひませ
【頓阿1289~1372】

和歌のうまい人物ベス

ト4のことを「和歌四天王」という。随筆《ずいひつ》『徒然草《つれづれぐさ》』で知られる吉田兼好《けんこう》はその中でもビリだった。

トップは頓阿《とんあ》という歌人。頓阿は20歳を過ぎて出家し、師匠《ししょう》について和歌を学んだ。その後は国内を放浪し、やがて小さな住まいにおさまって隠《いん》遁者《とんしゃ》の生活を送った。

兼好と頓阿。ふたりはとても仲が良かった。初めの歌は兼好が頓阿に送ったもの。こんな意味だ。

「秋の夜は涼《すず》しいね。目覚めると、手枕《てまくら》していた袖《そで》に風が吹きつけてきたよ」

実はこれ、暗号になっている。各句の初めの一字を抜き出してつなげると、夜（よ）、寝（ね）、手（た）、ま、へ（え）となる。

「米たまえ」

米をくれという意味だ。さらに各句の最後の文字を下から順につなげると、ぜ、に、も、ほ、し。

「銭《ぜに》も欲しい」

米だけではなく、お金も欲しいという図々《ずうずう》しい申し出だ。これに対する頓阿からの返事が2番目の歌。こんな意味になる。

「秋の夜長はつらいなぁ。君が顔を見せてくれないからガッカリだよ。義理でもいいからちょっとくらい遊びにおいで」

これも暗号になっている。先ほどと同じように読むと、次のふたつのメッセージが現れる。

「米は無し」

「銭少し」

お米はないし、お金も少ししかないよ、という意味だ。相手がやんわりと暗号で懇願《こんがん》してきたことを、こちらもやんわりと暗号で断る。経済的に貧しい中、こんなにも余裕のあるやり取りができるとは、なんとも風流なふたりだ。

吾輩は猫である。名前はまだない。

【夏目漱石●1867～1916】

夏目漱石《なつめそうせき》の代表作『吾《わが》輩《はい》は猫である』の書き出しだ。漱石は当時、神経衰弱《すいじゃく》気《ぎ》味《み》だった。彼は気分転換のため庭にいついた猫のことをなんとなく書き始めた。それが好評だったのでそのまま書き進めていくうちに『吾輩は猫である』が完成した。

あるとき漱石の家にやって来たマッサージ師が庭の猫を見て「これは縁《えん》起《ぎ》がいい」といった。爪の裏が黒い猫は縁起がいいといわれているのだ。そこで漱石はこの猫を正式に飼《か》うことにした。

晴れて夏目家のペットとなった猫だが、作品の中の猫と同じく、最後まで名前はつけられなかった。漱石も猫を呼ぶときは、ズバリ「ねこ」と呼びかけていたらしい。

芸術は短く、貧乏は長し。

【直木三十五●1891〜1934】

直木賞に名を残す小説家・直木三十五の言葉だ。三十五というのは少し変わったペンネームだが、これには秘密がある。

デビュー当時、彼は別のペンネームを使っていた。31歳だったことから、直木三十一と名乗っていたのだ。翌年には三十二と改名。こうして彼は年齢とともにペンネームを変更《へんこう》していった。

やがて彼は34歳になった。本来ならペンネームも三十四とすべきところだが、4は縁起が悪いという理由でいきなり三十五を名乗る。そのうちだんだん有名人になってきたため、三十五という名前が世間に定着した。以後、彼はずっと三十五を名乗るようになる。

1929年には『由比根元大殺記』という作品で大衆作家として頭角を現す。さらに『南国太平記』『楠木正成《くすのきまさしげ》』『青春行状記』などの作品を発表して人気作家としての地位を確立した。

死後、彼の文学的功績《こうせき》を称《たた》えて、直木賞が制定される。この賞は文学界の権威《けんい》となった。受賞メンバーは多彩だ。井上ひさし、浅田次郎、渡辺淳一らのほか、元東京都知事の青島幸男の名もある。また海音寺《かいおんじ》潮五郎、池波正太郎、司馬遼太郎《しばりょうたろう》といった歴史・時代小説家の姿も見られる。

最近では、宮部みゆき、石田衣良《いら》、江國香織《えくにかおり》らも受賞している。

桜の樹の下には屍体が埋まっている！

【梶井基次郎●1901〜1932】

梶井基次郎《かじいもとじろう》の短編、『桜の樹の下には』の冒頭《ぼうとう》の一文だ。桜の木は美しい。しかし、主人公の「俺」には、その美しさが信じられなかった。桜のあまりの美しさに不安すら覚えた「俺」は、2〜3日考えた末、この結論に達する。

「俺には惨劇《さんげき》が必要」と彼は語る。惨劇と美しさ。この均衡《きんこう》があって初めて物事がしっくりくるというのだ。

この作品を書いた梶井基次郎は、昭和文学史の奇跡といわれる小説家だ。

彼は大阪に生まれ、東京大学を中退。文学仲間と一緒に同人雑誌「青空」を作り、その創刊号に代表作『檸檬《れもん》』を掲載《けいさい》した。

その後も『城のある町にて』『泥濘《でいねい》』『路上』などを発表していった。しかし体が弱かったため病床に臥《ふ》すことが多く、1932年に31歳の若さで亡くなった。彼の残した作品は生前あまり反応を得られなかったが、死後になってようやく認められるようになった。

第2章

耳が痛いがその通り！
役に立つ人生の名言

初心忘るべからず。

【世阿弥●1363〜1443】

世阿弥●本名は観世三郎元清。父観阿弥とともに能を大成させた。72歳で足利義教の不興を買い、佐渡へ流刑。不遇の晩年を送った。

芸の道のみならず、何の道においても、習い始めたころの謙虚《けんきょ》で張り詰めた気持を常に失ってはいけない。また、最初に思い立った一念を忘れてはいけない。

一見、やさしい戒《いまし》めの言葉だが、実はなかなか意味深遠なのである。

世阿弥《ぜあみ》は『花鏡』の奥段に「当流に万能一徳《ばんのういっとく》の一句あり」といい、それが「初心忘るべからず」だと書いている。

「初心」には3段階があり、ひとつは「是非《ぜひ》の初心」で、これは未熟《みじゅく》のころの心構えである。ふたつめは「時々の初心」で、習い始めたころから年盛りのころ、さらに老後にいたるまで、その各段階に応じての心構えである。3つめは「老後の初心」といい、これは命には終わりがあるが、能には終わりはないことを覚悟《かくご》しての心構えであるという。

世阿弥は鬼夜叉《おにやしゃ》といった12歳のとき、父観阿弥《かんあみ》と京の今熊野で『翁《おきな》』を舞い、3代将軍足利義満《あしかがよしみつ》の目にとまった。たいそうな美童《びどう》だったという。

以来、世阿弥は義満の手厚い庇護《ひご》の下《もと》で、当世一流文化人と交流し、芸道に精進《しょうじん》していった。

関白《かんぱく》二条《にじょう》良基《よしもと》から「藤若《ふじわか》」の名を贈られ、義満に近侍《きんじ》してすこぶる寵愛《ちょうあい》を受けた。それを見た諸大名は「この児に物を与えれば将軍の意に叶《かな》う」と、競って物を贈り、巨万の富を費《つい》やしたという。

22歳のとき、父観阿弥が死去し、観世座《かんぜざ》の能は世阿弥の双肩にのしかかった。武家衆を主たる観客としていた世阿弥は、たゆまぬ精進の結果、禅《ぜん》の精神の裏打ちされた歌舞を中心とした〝幽玄能《ゆうげんのう》〟を完成させた。

だが、最大の後見人義満の死によって世阿弥の人生は暗転する。4代義持《よしもち》、5代義量《よしかず》の時代は何事もなかったが、6代将軍義教《よしのり》は世阿弥を疎《うと》んじて音阿弥《おんあみ》を後援し、世阿弥の公演に圧力を加えた。そのうえ、もっとも期待を寄せたわが子元雅《もとまさ》が急死。さらに追い打ちをかけるように、偏執狂《へんしつきょう》的な義教の命《めい》で佐渡へ配流《はいる》となった。

以後の消息は定かでない。

戦国

上下万民に対し、一言半句《いちごんはんく》にても、虚言《きょげん》を申すべからず。かりそめにも、有《あり》のまゝたるべし。

【北条早雲●1432〜1519】

北条早雲●室町幕府の政所執事の伊勢氏の一族で、早雲の嫡男氏綱から北条と名乗る。小田原北条氏の５代におよぶ関東支配の礎を築いた。

戦国乱世の中、一介《いっかい》の浪人の身から関東の覇者《はしゃ》へ昇《のぼ》りつめた北条早雲《ほうじょうそううん》の出世譚《たん》は、後世の若者たちに大いなる夢を与えた。

早雲は伊勢新九郎守時《いせしんくろうもりとき》といい、その生国は伊勢・京都・備中《びっちゅう》の3説があるが明確ではない。早雲は姉である今川義忠《よしただ》の側室北川殿《きたがわどの》を頼って、駿河《するが》に下向《げこう》し、長享《ちょうきょう》年間（1487〜1489年）には東駿河の興国寺《こうこくじ》城を預けられ、今川氏の一武将となっていた。このとき56歳だったというから、大器晩成型の人物といえるだろう。

延徳《えんとく》3年（1491年）、早雲は伊豆の堀越公方《ほりこしくぼう》の内紛に乗じて、足利茶々丸《ちゃちゃまる》を攻め滅ぼし、わずか1か月余で伊豆国を平定してしまった。当時、関東《かんとう》管領山内顕定《かんれいやまのうちあきさだ》と扇谷定正《おうぎがやつさだまさ》の抗争のため、伊豆の武士の多くが顕定を助けて、遠く関東へ出陣中だったことが、早雲に幸いした。

早雲の軍勢には直属の武士のほか、多くの百姓兵が加わっていた。早雲は日ごろから領内の屈強な百姓に扶持《ふち》を与えるなどして手なずけ、軍事訓練を施《ほどこ》していた。このため百姓たちは「この主君のためならば命の用にもたとうぞ」と喜び勇《いさ》んで従ったという。

伊豆平定後も堀越公方の所領のごく一部を直轄地《ちょっかつち》にした以外は、すべて在地武士たちに分け与えているし、風病《ふびょう》（風邪）が流行すると手勢500人にその看護《かんご》を命じている。こうして早雲は伊豆国中の武士・百姓・職人らの人心を巧《たく》みに捉《とら》えたのである。

領国経営では、年貢軽減《ねんぐけいげん》の「四公六民の制」を打ち立てた。これは田の生産高の4割を納めさせ、6割は百姓の取り分とするもので、この税制は早雲以後も北条氏がずっと守り続けた基本政策であった。これまで5割以上を取られていた百姓にとって、年貢軽減は大歓迎だった。彼らは密かに、早雲の進出支配を期待していたという。

また早雲は、河川《かせん》の修復工事や道普請《ぶしん》などを積極的に行って、領民の生活向上に心を配り、職人・商人の保護育成に努めた。早雲が〝戦国大名のさきがけ〟といわれる由縁《ゆえん》である。

戦国

敵の逃げ道を作ってから攻めよ。

【豊臣秀吉●1537~1598】

豊臣秀吉●織田信長の家臣として重用されたが、本能寺の変後、明智光秀・柴田勝家を滅ぼし、天正18年には、天下を統一した。仇名は「猿」。

城攻めの戦術のひとつである。城を包囲する場合、三方を厳重《げんじゅう》に囲み、一方をわざと明けておくか、手薄《てうす》にしておく。三方から激しく攻めかかると、残った一方から逃げ出す者があり、城内の結束を弱めることができる。

城の四方八方を取り囲んでは、城兵は逃《のが》れる術《すべ》がなく死物狂いで抵抗する。それでは味方に被害が出るから得策ではない。

もっとも一方を明けておいても、兵糧《ひょうろう》や援軍を入れてはならぬ。見張りの伏兵《ふせへい》を置いて警戒《けいかい》にあたらせる。

やがて、城兵に厭戦《えんせん》気分が広まり、士気が衰《おとろ》えたところを一気に攻撃して攻め落とす。これを〝巻攻《まきぜ》め〟といった。

天正《てんしょう》6年(1578年)3月、播磨《はりま》の別所長治《べっしょながはる》の居《きょ》城《じょう》・野口城攻めのとき、秀吉が授《さず》けた作戦である。

秀吉は天下人《てんかびと》になるまでがたいへん魅力《みりょく》に富んでいる。草履《ぞうり》取りから墨俣《すのまた》一夜城、備中《びっちゅう》高松城の水攻め、中国路大返し、山崎の合戦、賤《しず》ヶ岳《たけ》の合戦、小田原城攻め……と、『太閤記《たいこうき》』の描《えが》く出世物語はまことに明るく小気味《こきみ》よい。

秀吉は信長の政治継承者《けいしょうしゃ》だが、信長のような根切《ねき》り(皆殺し)や焼き殺しの残虐《ざんぎゃく》行為はしなかった。なにより秀吉は人を斬《き》ることが嫌いだった。戦術においても力攻めはせず、兵糧攻め・水攻め・位詰《くらいづ》め、または懐柔《かいじゅう》や買収の調略戦《ちょうりゃくせん》で勝利している。

秀吉はすべてに寛容《かんよう》であった。信長の死後、数年で天下統一をなし遂《と》げたのも、こうした秀吉の敵に対するおおらかな態度が要因になっている。

刀狩《かたなが》りや検地を行い、貨幣《かへい》や度量衡《どりょうこう》の統一を図《はか》る統治政策の中で、注目するのは、「人身売買の禁止令」である。

戦国時代、捕虜《ほりょ》にした女子供の売買は当然のように行われていた。秀吉はこれを禁じた。ひょっとしたら、秀吉は子供のころに売られた経験があったからかもしれない。

だが晩年の秀吉は、老醜《ろうしゅう》をさらけ出した浅狭《せんきょう》な人間にすぎなかった。

戦国

人の一生は重き荷を負うて遠き路《みち》を行くが如《ごと》し。急ぐべからず。

【徳川家康●1542〜1616】

徳川家康●三河岡崎城主松平広忠の子。永禄3年の桶狭間の戦い後に自立し、秀吉に臣従。秀吉の死後、関ヶ原の戦いで天下を取った。

『東照宮遺訓《とうしょうぐういくん》』として有名な一節である。

幼少の人質時代から苦難《くなん》の道を歩み続け、74歳の老齢になってようやく天下人《てんかびと》となった男にふさわしい「遺訓」だが、残念ながら後世に作られたものらしい。

一般に、家康は6歳から19歳まで13年間、今川家で不幸な人質生活を送ったと受け取られている。しかし、父広忠《ひろただ》を失って孤児となった家康が今川義元《よしもと》の人質になったことは、決して不幸だったとはいえない。むしろ幸運だったのである。

弱肉強食の時代、幼少の家康が三河《みかわ》で独立することは不可能だ。今川家の保護下で人質となっていたほうがずっと安全なのである。

家康は〝厄介者《やっかいもの》〟として冷遇《れいぐう》されたのではない。京文化の華《はな》やかな駿府《すんぷ》で、今川家の名僧太原崇孚《たいげんそうふ》（雪斎《せっさい》）について勉学に励《はげ》み、義元の手によって元服《げんぷく》し、16歳で今川一族の関口親永《ちかなが》の娘（築山殿《つきやまどの》）と結婚している。

義元は家康の後見人として、その成長を期待し、大切に待遇しているのである。

たしかに三河の岡崎城は今川家が管理していたが、別に奪《うば》い取ったのではない。これがどうして不幸に満ちた人質生活だったといえるだろうか。

永禄《えいろく》3年（1560年）5月、桶狭間合戦《おけはざまのかっせん》を機に家康は岡崎へ帰って独立し、その後、織田信長と同盟を結ぶ。同盟というより信長に従属したといったほうがいい。小大名の家康は信長と行動を共にすることで、安全保障を得たのだ。

家康自身が本格的に遠江《とおとうみ》へ進出したのは、永禄11年、武田信玄が駿河《するが》へ侵入したときである。今川家が滅ぶと家康は大敵《たいてき》信玄と正面から対峙《たいじ》することになった。

家康が天下を掌握《しょうあく》するまでの〝苦難と忍耐〟の道は、ここから始まったのではないか。

家康は人質時代を過ごした今川家に悪感情はなかった。漂浪《ひょうろう》の氏真《うじざね》を探し出して今川家を再興しているし、晩年、嫌な思い出のある駿府に隠居《いんきょ》する筈《はず》もない。

苦はたのしみの種《たね》。楽は苦の種と知るべし。

【徳川光圀●1628〜1700】

徳川光圀●常陸国の初代水戸藩主頼房の3男で、2代目藩主。家康の孫。水戸黄門として、また食に好奇心旺盛だった人物として有名。

元禄《げんろく》13年（1700年）12月6日、水戸黄門《みとこうもん》こと徳川光圀《みつくに》が死去すると、

天《あま》が下《した》ふたつの宝つき果てぬ
佐渡《さど》の金山《きんざん》、水戸の黄門

という落首《らくしゅ》が作られたほど、光圀は人気の高い人だった。それも水戸領内だけでなく、大名・旗本から江戸の庶民《しょみん》にいたるまで広く階層を越えて慕《した》われていた。

人気のひとつは水戸領内で行った善政《ぜんせい》である。光圀は日ごろから領内を巡視《じゅんし》して農民の生活に心をくだき、あらゆる施策《しさく》を行ったが、それでも困窮者《こんきゅうしゃ》が出た。

ある日、4人の郡奉行《こおりぶぎょう》を呼び出し、農政について尋ねた。すると奉行たちは、

「領内にはひとりの困窮者もおりませぬ」

と答えた。光圀はたいへん怒って、

「役人ならば農民の生活は朝夕に心配しなければならぬ立場なのに、非難されることを恐れて虚偽《きょぎ》の報告をするとは何事だ。すべては上からの指示ばかり仰いでいるからだ」

と、その職務怠慢《たいまん》を叱《しか》りつけたという。

さらに郡奉行や代官《だいかん》の手代《てだい》に出張手当を支給し、それを農民から徴収《ちょうしゅう》することを禁じている。ほかにも高利貸《こうりがし》の利子《りし》の制限、淫祠邪教《いんしじゃきょう》の撤廃《てっぱい》、困窮者への扶持《ふち》、殖産《しょくさん》の振興《しんこう》など、光圀は領民の生活に細心の注意を払った。

光圀の質素な生活態度も知られている。

ある日、尾張光友《おわりみつとも》が水戸邸を訪ねたところ、珍奇《ちんき》な品は何ひとつなく、部屋の普請《ふしん》も粗末《そまつ》なもので、あちこちに反古《ほご》が貼《は》ってある。その中に光友が出した手紙もあった。給仕に出てきた侍女《じじょ》も美人はおらず、着物も粗末なものだったと驚いている。

光圀は茶ちりめんの頭巾《ずきん》を40年も使い続けたという倹約《けんやく》ぶりだった。といって吝嗇《りんしょく》ではない。有益な事業や領民救済には惜《お》しみなく費用を使った。

綱吉《つなよし》の〝生類憐《しょうるいあわ》れみ令〟は水戸領では行われず、狩猟《しゅりょう》も野犬狩りも許可していた。光圀自身も鷹《たか》狩りを楽しんだという。

交際の奥の手は誠実である。

【渋沢栄一●1840〜1931】

渋沢栄一●日本の資本主義の父。最後の将軍徳川慶喜に仕えた後、大蔵省官僚を経て、実業家として500以上の会社設立に携わった。

渋沢が関係した事業はゆうに500を超えており、さながらその足跡《そくせき》は、近代日本産業史といえる。日本の資本主義発展の最大の功労者《こうろうしゃ》であった。

渋沢の生家は農業、養蚕《ようさん》のほかに藍玉《あいだま》商や荒物《あらもの》商を兼ねる豪農《ごうのう》だった。

17歳のとき、御用金のことで陣屋《じんや》の代官《だいかん》にひどい侮辱《ぶじょく》を受け、封建《ほうけん》社会に不満と反抗心を抱くと尊王《そんのう》攘夷《じょうい》運動に走った。

親族の渋沢成一郎らと高崎城の乗っ取り、横浜の洋館焼《や》き討《う》ちを計画するが、決行寸前で中止となる。その後、渋沢は一橋《ひとつばし》家に仕《つか》え、慶喜《よしのぶ》の将軍就任《しゅうにん》に伴《ともな》い幕臣となった。

慶応《けいおう》3年（1867年）、渋沢に人生の転機が訪れた。慶喜の弟徳川昭武《あきたけ》のフランス行きの随行《ずいこう》である。渋沢は躍動《やくどう》するヨーロッパの近代文明に直《じか》に触《ふ》れて、大きな衝撃《しょうげき》と感銘《かんめい》を受けた。

帰国後、慶喜の蟄居《ちっきょ》する静岡へ赴《おもむ》き、そこで最初の株式組織「商法会所」を設立した。

明治2年（1869年）、大蔵省出仕を命じられ、度《ど》量衡《りょうこう》や租税制度などの改革整備に力を尽くした。次いで大蔵大臣井上馨《かおる》と共に国立銀行の設立・私立銀行の開業を計画したが、政府と衝突《しょうとつ》して明治6年（1873年）、大蔵省を辞職した。

渋沢が本領を発揮《はっき》するのは、民間事業の振興《しんこう》に着手してからである。

渋沢は常々「商工業の発達には官尊民卑《かんそんみんぴ》の風を打破し、自主独立の発展をはかることと、実業教育を広め、実業道徳を向上させることのふたつが必要である」といい、「論語算盤《そろばん》説」「道徳経済合一《ごういつ》説」を唱えた。

大正5年（1916年）、渋沢は実業界からいっさい手を引き、余生《よせい》を社会事業に捧《ささ》げた。また、大恩人・慶喜の雪冤《せつえん》のために『徳川慶喜公伝』『昔夢会《せきむかい》筆記《ひっき》』の編纂《へんさん》に努《つと》めた。

酒は飲まず、趣味は漢詩と和歌、義太夫《ぎだゆう》だった。親しい友人に「これまで恥ずかしいことは何もしていない。ただし女性関係は除く」と語ったという。

誠実な渋沢の人柄《ひとがら》が偲《しの》ばれる。

明治

寝ていて人を起こすことなかれ。

【石川理紀之助●1845～1915】

石川理紀之助●秋田の中堅地主の3男として生まれた、明治時代の農村指導者。生涯を貧農救済に捧げた。「農聖」とも呼ばれる。

理紀之助《りきのすけ》は弘化《こうか》2年（1845年）、秋田県小泉村の地主の3男として生まれたが、21歳のとき、秋田郡山田村の旧家石川家へ婿養子《むこようし》に入った。当時、石川家は借金を抱えて苦しい生活を強《し》いられていた。

理紀之助は山田村の貧しい現状を目の当《ま》たりにし、そこから脱却《だっきゃく》することを目指して若者を中心に農業耕作会《こうさくかい》を結成、豊かな村づくりを始めた。彼は農事改良を個々の営《いとな》みではなく、農民を組織して集団的な研究として進めたのである。

明治5年（1872年）秋田県庁の勧業課《かんぎょうか》に勤《つと》めたが、米の値段の乱高下や冷害に打ちのめされ、耕作意欲を失った山田村の窮状《きゅうじょう》を見て、行政の指導には限界があると痛感した。

それには自分が一農民に戻り、これまで培《つちか》った知識と技能で山田村を立て直すほかに道は開けないと決意し、明治15年（1882年）県庁を退職した。

彼は村民に、質の良い肥料作りで米の収穫量《しゅうかくりょう》を増やし、増産した分で借金返済《へんさい》の計画を提案。その実現には無駄使《むだづか》いをやめ、暮らしに必要なものは共同購入し、副業に養蚕《ようさん》を取り入れる。村民は互いに助け合い、励《はげ》まし合うことだと述べた。

彼は寒風酷暑《かんぷうこくしょ》を厭《いと》わず、毎朝3時、掛け板を打って村民を起こし、自らが率先して鍬鋤《くわすき》を握《にぎ》って農作業に専念した。村民の協力と努力は結晶し、5年間で借金を無事完済した。

「寝ていて人を起こすなかれ」は、このときの経験から生まれた言葉であろう。自分だけ楽をして人を働かせようと思っても、それは無理な話だという意味だ。

山田村の救済成功は、各方面で話題になったが、一部の人から疑問の声が上がった。すると彼は実証のために、自宅から離れた草木谷の地に粗末《そまつ》な小屋を建て、貧農《ひんのう》生活を実践《じっせん》して見せた。

彼は昼耕・夜読の生活を続けながら、7年の歳月をかけて、秋田県と福島県の8郡49町村の農村の土地と土壌《どじょう》の総合調査『適産調《てきさんしらべ》』を、731冊にまとめている。人々は彼を〝老農〟と呼び、〝農聖〟と称《たた》えた。

明治

人に勝つより自分に勝て。

【嘉納治五郎●1860〜1938】

嘉納治五郎●柔道の父と呼ばれた、講道館柔道の創始者。日本のオリンピック初参加に尽力するなど、スポーツ界にも大きく貢献した。

克己心《こっきしん》を諭《さと》した言葉である。講道館柔道《こうどうかんじゅうどう》の生みの親・嘉納治五郎《かのうじごろう》は、東京大学に入学した明治10年（1877年）、天神真楊流《てんしんしんようりゅう》の福田八之助に入門した。理由は虚弱体質を克服《こくふく》する目的だった。

明治14年、起倒流《きとうりゅう》の飯久保《いいくぼ》鍬吉に師事し、翌年には下谷永昌寺《したやえいしょうじ》に道場を開いて「講道館」と称した。「体育・勝負・修心」の3つを目標として指導したが、入門者は富田常次郎《とみたつねじろう》、西郷四郎《さいごうしろう》（姿三四郎のモデルとされている）ら9名であった。

当時は柔道の名称はなく柔術《じゅうじゅつ》といった。剣術と同じく幾多《いくた》の流派があり、それぞれ秘伝・秘技を伝承していた。

治五郎はそれら柔術諸流派の長所を取り入れて、今日の時代に適するように組み立て、一種の学問までに向上させたいという構想があった。だが、旧習《きゅうしゅう》と道統《どうとう》を重んずる柔術界の改革は、さまざまな困難《こんなん》があった。

明治19年、講道館を九段坂《くだんざか》に移転。

このころ、旧来の柔術と講道館柔道の試合が警視庁柔道大会として開かれ、一躍、柔道の名声が高まった。兵学校や警視庁から柔道教師の要請《ようせい》を受け、治五郎は指導者の育成、柔道技法や指導体系の確立に邁進《まいしん》した。

こうして講道館柔道は全国に広まり、明治34年（1901年）には館員6000名以上、うち有段者が221名を数えた。また、全国の師範《しはん》学校や中学校（今の高校）でも正科授業に採用され、柔道は大きく発展していった。

治五郎はまた一方で、偉大な教育者だった。第五高等学校、第一高等学校、東京高等師範学校の各学校長を歴任し、文部省普通学務局長、貴族院議員を務めている。

明治42年、日本で最初の国際オリンピック委員となり、スポーツ振興《しんこう》のため大日本体育協会を設立して会長に就任《しゅうにん》。昭和13年（1938年）、カイロで開催《かいさい》された第35回IOC総会に出席し、第12回国際オリンピックの東京開催権《かいさいけん》を獲得《かくとく》して、氷川丸《ひかわまる》で帰国の途中、船中で帰らぬ人となった。

明治

若い時の苦労は買ってでもせよ。

【鈴木三郎助●1867～1931】

鈴木三郎助●神奈川県生まれ。米と酒の小売店・滝屋から、ヨード製造の鈴木製薬所を経て、苦労の末、味の素の創業者となった。

世界的に知られる調味料、「味の素《もと》」の創業者である。この三郎助《さぶろうすけ》の前半生が波瀾万丈《はらんばんじょう》で面白《おもしろ》い。

三郎助の本名は泰助《たいすけ》。父の鈴木三郎助は、米・酒・日用品を扱う小売商だった。三郎助は商才に長《た》け、小売業のほかに質屋と水産物の仲買いも営《いとな》み、一家は穏《おだ》やかで幸福な暮らしを送っていた。

ところが明治3年（1870年）、三郎助が急死し、泰助は食料品問屋へ丁稚奉公《でっちぼうこう》に出ることになった。早朝から夜遅くまで働かされて、この丁稚奉公は相当つらかったらしい。右の言葉は、このころのことを指しているのかもしれない。

4年後、家業を継《つ》いだ泰助は2代目三郎助を名乗り、商売に打ち込んだ。21歳で呉服商辻井繁七《つじいしげしち》の次女テルと結婚したが、なぜか、三郎助はあらぬ方向へ突っ走る。

米相場である。血の気多い三郎助は家業そっちのけでのめり込んでいった。

しかし、米相場は鉄火場《てっかば》（賭博《とばく》場）だ。ポッと出の若造が儲《もう》けられるような甘い世界ではない。たちまち三郎助は資金を使い果たし、一家は生活費に窮《きゅう》した。

そんな折、母のナカは避暑《ひしょ》客の村田春齢から、海《かい》藻《そう》のカジメを原料にヨードの製造を勧《すす》められる。一家の窮状を救うためナカは必死の頑張りでヨード製造に取り組んだ。

三郎助は相変わらずの相場に入れ込んでいたが、長男三郎の誕生を機に相場から足を洗った。

もともと科学的思考の三郎助は、ヨード製造の近代化を進める一方、二次製品のヨードカリ、ヨードチンキなど薬品を手がけ「鈴木製薬所」を設立。ヨード業界の第一人者となった。

明治40年（1907年）、その後の人生を運命づける人物と出会う。東京大学教授池田菊苗《きくなえ》である。池田は昆布《こんぶ》ダシの旨味《うまみ》の素「グルタミン酸ソーダ」を結晶の形で取り出すことに成功しており、その製品化に協力してくれる事業家を探していた。

かくして世界初の旨味調味料「味の素」は誕生したのである。

昭和

やってみせ言ってきかせてさせてみてほめてやらねば人は動かじ。

【山本五十六●1884～1943】

山本五十六●海軍兵学校卒業。連合艦隊司令長官として、太平洋戦争に反対したが、開戦が決まると真珠湾攻撃などを立案・実行した。

学校教育、社員教育に使える名言である。

山本五十六《いそろく》は早くから航空戦力の必要性を説き、日本海軍の航空力を短時日のうちに世界の第一級の水準に練り上げた功労者であった。2度の駐米勤務から米国の国力・軍事力を徹底的に調査し、その実力の強大さをだれよりも知っていた。

だから、米英を敵に回すような日・独・伊三国同盟には頑強《がんきょう》に反対した。そのため山本は〝米英の走《そう》狗《く》〟と罵《ののし》られ、右翼《うよく》に命をつけ狙《ねら》われたという。

昭和16年(1941年)7月2日の御前《ごぜん》会議で「対英米戦を辞《じ》せず」と決定したあと、連合艦隊司令長官の山本は急遽《きゅうきょ》上京して、軍令部総長永野修身《ながのおさみ》に厳《げん》重《じゅう》に抗議した。艦隊長官の考えも聞かずに決めたことに腹を立てたのである。

最後まで日米開戦に反対だった山本も、ついに覚悟を決めるときがきた。やるならば持久作戦などありえない。一気にけりをつけ、講和を考える。それがハワイ奇襲作戦だった。

「桶狭間《おけはざま》の合戦、ひよどり越えの戦い、川中島の合戦の3つを併せたような無鉄砲《むてっぽう》」な作戦だと自嘲《じちょう》していた。

山本の逸話《いつわ》は多い。

賭博《とばく》好きは有名で、モナコのカジノで遊んだとき、あまり稼《かせ》ぐのでカジノから出入りを禁止されたという。馴染《なじ》みの芸者を背負って町中を歩いたり、近所の米屋、魚屋を集めては酒盛りをしたり、私人の山本はずいぶん気さくな人柄だった。

また部下思いの人で、戦死した部下の名をもらさず書き留《と》め、常に座右から離さなかった。

終戦前、山本を軍神として祀《まつ》る山本神社の設立運動が元帥の郷里《きょうり》長岡であった。

真っ先に反対したのが、山本の無二の親友だった堀悌吉《ていきち》(元海軍軍務局長)だった。

「山本のような人間臭のある奴が、神様なんかになるもんか。奴だって神社に祀りあげられるのは不本意だよ」

おかげで計画は潰《つぶ》れた。堀は長岡の人々に恨《うら》まれたという。

昭和

われ以外皆わが師。

【吉川英治●1892〜1962】

吉川英治●神奈川県生まれの小説家。本名は英次。代表作には『鳴門秘帖』『宮本武蔵』『新・平家物語』『三国志』などがある。

吉川英治の『宮本武蔵』は、〝国民文学〟の最高傑作《けっさく》といっても過言《かごん》ではない。不朽《ふきゅう》の名作である。吉川が『宮本武蔵』を執筆《しっぴつ》するきっかけとなったのは、菊池寛《きくちかん》と直木三十五《なおきさんじゅうご》の「武蔵名人説と非名人説」の論争に吉川が巻き込まれたことだった。

吉川の武蔵観を直木が雑誌記事などで執拗《しつよう》に批判したので、吉川は「僕は作家だから小説で書く」と宣言し、これが公約となったという。

『宮本武蔵』は、朝日新聞に昭和10年8月から同14年7月まで連載《れんさい》されて、爆発的な人気を博した。

大好評を得た要因は、そのころの時代小説が虚無《きょむ》、退廃《たいはい》的な傾向にあった中で、吉川は武蔵を「求道者《ぐどうしゃ》」とらえ、剣ひと筋に人間形成を追い求めていく姿を描いたことである。それは大衆が本当に求めているのは、虚無や退廃ではなく、まっとうな生き方の人生だ、ということを実証してみせたのであった。

吉川は家の破産で小学校を退学。印刷屋の小僧、少年活版工《かっぱんこう》、横浜ドックなどの職業を遍歴《へんれき》し、少年時代から世の辛酸《しんさん》をなめつくした。すべては独学であり、作家になったのもだれという師匠《ししょう》はいない。

宮本武蔵は、ただ日本一の兵法者《へいほうしゃ》というだけでなく、書画・彫刻・作庭などの諸芸にも一級品を遺《のこ》している。それについて武蔵は『五輪書《ごりんのしょ》』の中で「兵《へい》法《ほう》の利にまかせて、諸芸諸能の道となせば、万事において我に師匠なし」と言明している。

武蔵の「我に師匠なし」と吉川の「われ以外皆わが師」は裏表の関係だが、同じ意味である。武蔵はあらゆる諸芸諸能に触れて、貪欲《どんよく》に己れの兵法に吸収した。それは時に大工であり、百姓であり、陶工《とうこう》であった。

吉川は武蔵の「我に師匠なし」のひと言に強く共鳴するものがあったに違いない。そして小説『宮本武蔵』には、吉川の人生が色濃く投影されていた。

人は学歴ではない、その人生で何を学んだかが大切であり、学ばんとすれば何ものからでも学ぶことができる。要はその意志にある。「われ以外皆わが師」は、安逸《あんいつ》な日々を送るわれわれに吉川が遺《のこ》した、叱咤《しった》のメッセージに思えてくる。

決心することが社長と大将の仕事である。

【松下幸之助●1894~1989】

松下幸之助●松下電器産業の創業者。ＰＨＰ研究所の設立、倒産寸前の日本ビクターの再建なども手がけた、日本を代表する実業家。

松下グループの創業者・松下幸之助《こうのすけ》は、少年のころ、自転車屋で働いていた。当時は仕事中によく店を抜け出していたという。そのうち幸之助はタバコをケースで買い込むようになった。といっても、不良少年っぽい不穏《ふおん》な空気の話ではなく、これにはちゃんとした理由がある。

彼はあくまでもまじめな少年で、熱心に仕事をこなしていた。しかし店の客からタバコを買ってくるようにいいつけられることが多かった。まずこっちの客、次はあっちの客、そして明日はまた別の客。客同士の見事な連係プレーのおかげで、幸之助はまったく仕事に集中できなかった。

そこで彼はあらかじめタバコをケースでガッツリと買い置きしておくことにした。そうすればいちいちタバコを買いに走らなくてすむし、客を待たせることもない。

しかもケース毎にオマケがついているので、幸之助にとってもオイシイ話だ。客も満足。幸之助も満足。お互いお得な関係だ。幸之助はケース買いするという、ちょっとした決心によって見事に問題を解決した。しかし社長になってからは、そう気軽にいかなかった。

彼は電気関係の会社に転職し、その後、自分の会社を起こした。

ところが売れると見込んでいたオリジナル商品がまったく売れず、すぐに経営危機に陥《おちい》った。彼は自分を信じてついてきてくれた社員たちをやむなく解雇《かいこ》。社長の責任の重さを痛感する。

そうした苦しい時代を乗り越えたときの、彼の心情がこの言葉には込められている。社長の方針が間違っていれば会社は傾《かたむ》き、多くの従業員を路頭《ろとう》に迷わせることになる。それは戦場で兵士の命を預かる大将の責任さながらだった。

幸之助の双肩には、従業員の生活や生命がかかっているのだ。この苦い経験を二度と繰《く》り返したくないと考えた幸之助は、後の不景気で会社がピンチになったときも、決して社員をクビにすることはなかったという。

昭和

社員諸君にはこれから3倍働いてもらう。役員は10倍働け。俺はそれ以上に働く。

【土光敏夫●1896～1988】

土光敏夫●岡山生まれ。石川島播磨重工業、東芝の社長を歴任し、第4代の経団連の会長に就任。日本経済の発展・安定に貢献した。

異名《いみょう》というと、強そうなものが多い。燃える闘《とう》魂《こん》・アントニオ猪木《いのき》、浪速《なにわ》の闘拳《とうけん》・亀田興毅《こうき》、そして赤い彗星《すいせい》のシャアなど。どれもひと筋縄《すじなわ》ではいかない印象を聞く者に与える。

土光敏夫《としお》にも異名がある。「メザシの土光」だ。メザシというのは魚のメザシのこと。あるテレビ番組で、土光が朝食にメザシを食べているシーンが放送された。その質素な食生活が、ムダを省《はぶ》いて企業を再生する彼の仕事ぶりと重なったのだ。

土光は東芝（当時は東京芝浦電気）の再建にもあたった。当時、重役たちは朝10時に出社しており「サムライの東芝」と呼ばれていた。武士の商売のように、どこか詰《つ》めが甘いという意味だ。

土光は、東芝社員&役員たちのあまりのマイペースぶりに危機感を抱き、右ページの言葉を発して宣《せん》言《げん》をしたのだ。

東芝時代、土光はいくつもの伝説を残している。

その1「社長なのに怪しまれた」伝説。

だれよりも働くことを宣言した土光は、毎朝7時半に出社した。その初日、あまりにも早かったため、社長にもかかわらずガードマンに呼び止められてしまったのだ。

その2「平社員に最敬礼」伝説。

土光は朝の7時半から8時半までをフリートークの時間とし、社長室に社員を迎え入れた。しかし社員が最敬礼をして入室してくるため、空気は一向に和《なご》まない。

そこで彼は社員の最敬礼に対し、自分も最敬礼で応《こた》えた。目上の社長にそんなことをされては、社員もドギマギするしかない。それでいつしか、入室のときに最敬礼する者はいなくなった。

その3「土光突撃隊《とつげきたい》」伝説。

土光は先陣《せんじん》を切ってセールス活動を展開。社長自ら現場に足を運んで相手の担当者を驚かせ、土光突撃隊と呼ばれた。

土光はこのように、体当たりで会社を再建していった。この言葉からは、彼のそうした気迫《きはく》が感じられる。

やってみなはれ。やらなわからしまへんで。

【鳥井信治郎●1879〜1962】

鳥井信治郎●サントリーの創業者。赤玉ポートワイン、サントリーホワイト、レッド、角瓶など多くのヒット商品を生み出した。

何でもかんでも、物覚《ものおぼ》えがよければいいというものではない。ちょっとくらいウッカリしていたほうがいい場合だってある。

サントリーの創業者・鳥井信治郎《とりいしんじろう》が初めてウィスキーを完成させることができたのも、ささやかなウッカリのおかげだった。

彼はもともとワインの製造・販売を手がけていたが、あるとき工場で残ったアルコールを洋酒の樽《たる》に入れて保存しておいた。ここで、彼のウッカリが炸《さく》裂《れつ》！　樽のことをすっかり忘れて、何年も放置してしまったのだ。

何年かして恐る恐る樽を開けてみると、いい香りがする。試《ため》しに飲んでみると、これがうまい！　なんと偶然《ぐうぜん》にも本格的なウィスキーができあがっていたのだ。鳥井はこれを「トリスウィスキー」（鳥井のウィスキー）と名付けて販売。一瞬で売り切れてしまった。ひと樽だけなのであっという間に完売するのは当然といえば当然だが、それにしてもとにかく美味《おい》しかったようだ。

鳥井はウィスキーの魅力《みりょく》に取りつかれた。本格的な国産ウィスキーを造りたい、その熱意を会社の役員たちに伝えたが、大ブーイングが巻き起こった。それでも鳥井はめげなかった。やってみなくちゃわからない。チャレンジしてみる価値はある。そう考えた彼は、役員全員の猛反対を押し切ってウィスキーの開発に着手した。

しかし、なかなかいいものができず、資金ばかりが磨《す》り減《へ》っていく。苦労の末、ようやく納得できるウィスキーを完成させたが、その後、日本は戦争に突入。思うようにウィスキーの製造・販売ができなくなる。しかも空襲《くうしゅう》によって工場は壊滅《かいめつ》してしまったのである。

社員のだれもが、もうウィスキー製造は無理だと思った。それでも鳥井はやってみなくちゃわからないの精神で果敢《かかん》にトライし、会社を再生させて洋酒ブームを巻き起こした。

鳥井のこの言葉は、どん底から這《は》い上がってきた実体験に裏打ちされているのだ。

昭和

すべて自分のことだと思って努力すれば、どんなつらいことでもがまんできる。

【青井忠治●1904～1975】

丸井の創業者。18歳で上京し、丸二商会に就職。10年後、のれん分けで東京中野に第1号店を出店。「赤いカード」で一躍その名を知られる。

商売の世界に、ひとつの言い伝えがある。

「丸」という漢字に、自分の名前をくっつけて会社名にすると、店が繁盛《はんじょう》するというのだ。これは、青《あお》井忠治《いちゅうじ》が丸井を創業した当時から、ささやかれていた話である。

丸井という名前の由来もここにある。

かつて、青井は新宿にあった月賦制《げっぷせい》の店「丸二《まるじ》」からのれん分けをしてもらい、「丸二商会」をオープンする。その後、丸二の「丸」と、青井の「井」を組み合わせ、株式会社丸井を設立したのだ。これはまさに、大成功の方程式そのままのネーミングだった。

もちろん、会社名だけで成功が保証されるわけではなかった。青井はいきなり出鼻《でばな》をくじかれてしまう。第2次世界大戦中、商業活動が規制され、丸井も全店を閉鎖《へいさ》せざるを得なくなったのだ。

お預けを喰《く》らった形の青井は、終戦後、そのブランクを取りもどすべく、怒涛《どとう》の勢いで働きはじめる。

彼はまず、家具の現金販売に取り組んだが、そのとき得意技《とくいわざ》の「月賦販売」を展開。5か月方式、10か月方式という大技を立て続けに繰《く》り出し、丸井の名を一気に有名にした。

ところで、カタカナにすることで洗練《せんれん》された印象になる言葉は多い。甘いものをスイーツ、共同作業をコラボレーションといった具合に。青井はこうしたイメージ作りの天才だった。

彼は全国で初めてクレジット・カードを発行。月賦をクレジットといい換えることで、イメージアップを図《はか》り、大成功した。

昭和38年(1963年)2月には、有名な社訓「すべて汝《なんじ》がことなれ」を制定する。右ページの言葉はその精神を表したものだ。彼は何事も、自分のことのように全力を尽くした。

人の喜びを自分の喜びとする、そんな気持ちがこの言葉には込められている。

業界で初めてコンピューターを導入するなど、小《こ》売《うり》業の発展に力を尽くした青井の人生は、日本の商業発展の歴史そのものとなった。

昭和

金を稼《かせ》ぐより時間を稼げ。

【本田宗一郎●1906~1991】

本田宗一郎●本田技研工業の創業者。ドリーム号、スーパーカブなどの2輪車を開発し、世界的な自動車メーカーに成長させた。

本田宗一郎《そういちろう》は湖ではしゃぎ回って漁師にこっぴどく怒られたことがある。若い頃から超一流の技術者として有名だった宗一郎。彼のもとには大金がガポガポと入ってきた。

あるとき宗一郎は、芸者たちを連れて浜名湖《はまなこ》へ行き、モーターボートで爆走《ばくそう》を始めた。思いっきり湖面を引っかき回して楽しんだが、これには地元の漁師が大激怒《げきど》。その結果、宗一郎は賠償金《ばいしょうきん》を支払うハメになった。

彼は遊びも仕事も全力投球だった。本当の「能率」というのは時間を惜《お》しんで仕事をすることではなく、仕事に打ち込みながらうまく遊びの時間を作り出すことだ。彼はそう考えていた。

時間だけは神様がだれに対しても平等に与えてくれた。これをいかに有効《ゆうこう》に使うか。その使い方次第でだれでも成功者になれる。

宗一郎にとって時間とは、神様からの大切なプレゼントなのだ。右の言葉には宗一郎のそんなポリシーが込められている。お金よりも時間なのだ。

お金といえば、こんな話がある。

宗一郎が小学生のときのこと、ある飛行機ショーが催《もよお》された。機械に興味のあった宗一郎は、このショーをぜひ見たいと思ったが、あいにく入場料がない。でも、どうしてもショーを見たかった。で、どうしたかというと――彼は木に登ったのである。

一本の高い松の木によじ登り、そこから飛行機ショーを盗み見たのだ。すれすれ感の漂《ただよ》うエピソードだが、宗一郎少年のバイタリティあふれる情熱が伝わってくる。

大人になった宗一郎はこのバイタリティを仕事にぶつけ、神様からの贈り物である時間を手垢《てあか》がつくほど使い込み、成功を収めた。

本田技術研究所の設立後はモーターバイクの製造に没頭《ぼっとう》し、バイクレースの最高峰《さいこうほう》であるイギリスのTTレースに出場。技術的にも経験的にも無謀《むぼう》な挑《ちょう》戦《せん》だったが、7年という短期間で優勝を達成した。

その後も死ぬまで夢を追い続け、世界の技術史に本田宗一郎という個性を刻《きざ》みつけた。

昭和

学歴はなくてもいいけれども、学力はなければならない。そこを混同してはならない。

【盛田昭夫●1921～1999】

盛田昭夫●ソニーの創業者のひとり。大阪帝国大学理学物理学科卒。技術開発者の井深大とともに、世界に通用する大企業に育て上げた。

絶対に売れる！

ソニーの創業者のひとりである盛田《もりた》昭夫《あきお》は、完成したテープレコーダーを見てそう確信した。後に盛田は、「販売の盛田」の異名《いみょう》をとる男である。その彼が満を持して日本最初のテープレコーダーを売り出そうとしていたのだから、当然、飛ぶように売れるはずだと思われた。

これで大儲《おおもう》けができる！

盛田はウハウハだった。ところが、そんな甘い考えをぶっ飛ばすくらいまったく売れなかった。なぜ売れなかったのかといえば、そのテープレコーダーは大きさが机《つくえ》くらいあったのだ。しかも重さは45キロで、定価は16万円もした。

だが、ぜんぜん売れなくても盛田はガッカリしなかった。そんな暇《ひま》はなかったのだ。売れないのなら、売れるようにすればいい。テープレコーダーに改良を加え、販売戦略も練《ね》り直した。とにかく持てる限りの知恵でこの壁を乗り越えるしかなかった。

盛田は学校に対し、ラジオ放送をテープに録《と》って教育に生かしては？と提案した。これが大成功。ちょうど視聴《しちょう》覚教育が流行《はや》り始めたこともあって、テープレコーダーはどんどん売れていった。だが、このとき盛田がウハウハだったかどうかはわからない。

盛田は現場や実社会での知恵を重視《じゅうし》した。ソニーは社員を採用《さいよう》するとき、出身大学を問わない。盛田は『学歴無用論』という著書を出版している。大企業は学歴によって社員の採用・不採用を決めることが多かったが、盛田はそうしたやり方に危機感を覚えていた。実社会はあくまでも「実力」で勝負する場所であり、入社前に教育を受けた「場所」は関係ない。それが盛田の考えだった。

昭和40年（1965年）、盛田は履歴書《りれきしょ》を焼くことを宣言《せんげん》する。それに伴《ともな》って全社員の学歴の公表を中止した。学歴のある社員よりも、成長する実力のある社員を大切にするという方針を鮮明《せんめい》にしたのだ。

右の言葉は、この盛田イズムを表したものにほかならない。

現代

節約とは広告代をケチることではない。

【重光武雄●1922〜】

重光武雄●ロッテ・グループの会長。在日韓国人で最も成功した人物のひとり。思いきった宣伝戦略により「世界のロッテ」が生まれた。

街角でガムを噛《か》んでいる人がいる。よく見る光景だが、それに衝撃《しょうげき》を受けて、人生の進路をガラッと変えてしまった男がいた。それがロッテグループの創業者・重光武雄《しげみつたけお》だ。

終戦直後の日本では、アメリカ人兵士の姿があちこちで見られた。重光は街角でアメリカ人兵士がガムを噛んでいるのを見て、

「コレだ！」

と思い、チューインガムの製造に乗り出したという。だが、すぐには売れなかった。というのも日本人はまだガムをよく知らなかったのだ。食糧難だったそんな時代にいきなりチューインガムを見せられても、みんな「ガムをくれるなら、メシをくれ」的なリアクションだった。

チューインガムのおいしさを知ってもらうためには、宣伝《せんでん》しかないと重光は考えた。チューインガムの認知度を上げるため、彼は広告代をじゃんじゃん使いまくった。

右の言葉は、広告代についての彼の姿勢をよく表している。経営において節約《せつやく》は大事なことだが、広告代をケチることは節約ではない。これが重光の持論だ。

広告代をケチることは、売上げの減少《げんしょう》につながるとわかっていたのだ。彼は莫大《ばくだい》な広告費を投じて「ロッテ歌のアルバム」という音楽番組のスポンサーとなり、社名を日本中に広めた。

重光のド派手《はで》な宣伝戦略《せんりゃく》はさらに続く。昭和36年（1961年）にはロッテガムを買うことで1000万円が当たるというキャンペーンを展開。760万通もの応募が殺到したことでロッテの名がさらに広まり、売り上げの増加につながった。快進撃《かいしんげき》は止まらない。昭和44年、プロ野球の東京オリオンズをロッテオリオンズに改名。その翌年には早くもパ・リーグで優勝を達成する。勢いに乗った重光はさらにファーストフード事業にも進出し、ロッテリアをオープンさせた。

こうした数々の成功もすべて、最初の広告投資があってこそ生まれたものだった。

隙間《すきま》でも工夫《くふう》次第で入江《いりえ》産業になる。

【鈴木敏文●1932～】

鈴木敏文●セブン・イレブン・ジャパンの創業者。日本型のコンビニを、世界に通用する小売形態に作り上げた、小売業の第一人者。

イトーヨーカ堂の社員だった鈴木敏文《としふみ》は、アメリカのセブンイレブン本社を訪れてこういった。

「おたくの企業秘密を見せて下さい」

だが、答えはノー。当たり前だ。企業秘密とは、セブンイレブンのマニュアルのことだ。セブンイレブンの前身は小さな氷屋だったが、このマニュアルによって、大きなコンビニチェーンに発展したという。

企業秘密というのなら、自分もセブンイレブンの一員になればいい。鈴木はイトーヨーカ堂の上層部に対し、新事業としてセブンイレブンを展開するよう提案。そのリーダーとなった。

当時はまだ日本にコンビニなどなかった。そのためコンビニは隙間《すきま》産業にすぎないと考えられていた。だが鈴木は違った。初めは「隙間」に過ぎないとしても、グリグリと押し広げていけば大きく広がり、いつかは広い「入江」になると信じたのだ。この言葉には鈴木のそんな思いが込められている。

日本でセブンイレブンを開店するには、まず1億円の資金が必要だった。しかし会社から下りた予算は、鈴木の予想に反して、わずか5000万円だった。鈴木、ピンチ！

身内からの思わぬドッキリに困惑《こんわく》したものの、彼は冷静だった。手元には企業秘密である、あのマニュアルがあるのだ。ふふふ、これさえあれば……ニヤリ。

マニュアルを見た鈴木は愕然《がくぜん》とする。そこに書かれていたのはただのサービス内容だった。経営のノウハウなど、何も書かれていなかったのだ。鈴木、再びピンチ！　しかも、オイルショックでさらにピンチ！

それでもやるしかなかった。彼は手探《てさぐ》りで1号店をオープンした。その後、研究を重ねて独自の流通システムを確立すると、店舗《てんぽ》は驚異的《きょういてき》なスピードで拡大していった。

アメリカは100店舗出すのに25年かかったが、鈴木はそれをたった2年で達成。隙間を大きな入江へと発展させたのだ。

人生の名言
こぼれ言葉

受領は倒るる所に土をつかめ。
【藤原陳忠・平安】

『今昔物語《こんじゃく》』の中の信濃守《しなののかみ》藤原陳忠《ふじわらのぶただ》の話である。陳忠が任地から都へ上る途中、峠《とうげ》から谷底に転がり落ちたので、従者が助けるために籠《かご》を下ろして引き上げてみると、籠いっぱいに平茸《ひらたけ》が入っていた。再び籠を下ろすと、陳忠は片手で縄をつかみ、もう一方の手に3房《ふさ》の平茸を抱えて上がってきた。

受領《ずりょう》とは国守《こくしゅ》のことで、私蓄《しちく》に狂奔《きょうほん》する強欲《ごうよく》さをよく伝えている。

人を見て法を説け。
【法華経・鎌倉】

人にどんな立派な教えを話しても、聞く人が理解できなければ何にもならない。まず、相手の気質・個性などを見極めて、それぞれに応じた話をすることだ。決してだれでも同じように話してはならない。

ここに小便をたれるとも軍物語をしている大事な席を立ってはならぬ。
【竹中半兵衛・1544〜79】

羽柴秀吉《はしばひでよし》が三顧《さんこ》の礼《れい》をもって迎えたという希代《きたい》の軍師竹中半兵衛《たけなかはんべえ》の逸話《いつわ》。ある日、軍物語《いくさものがたり》の最中《さいちゅう》に子の左京《さきょう》が一時席を外《はず》したので叱《しか》りつけた。左京は「小便《しょうべん》に行きました」と答えた。すると半兵衛は怒って「小便ならば座《ざ》敷《しき》でせよ。竹中の子が軍物語に聞き入り、座敷を汚《けが》したといわれれば、わが家の名誉《めいよ》ではないか」といったという。

はたらけどはたらけど猶わが生活楽にならざりじっと手を見る。
【石川啄木・1886〜1912】

浪漫《ロマン》派《は》詩人として出発した啄木《たくぼく》が、貧困《こんきゅう》生活から〝生活派〟の歌を提唱し、社会主義思想に傾倒《けいとう》していった象徴《しょうちょう》的な3行詩。歌集『一握《いちあく》の砂』に収録されている。

なによりの健康法は新たな仕事を考え出していくことだ。
【五島慶太・1882〜1959】

東急コンツェルンを作り上げた五島《ごとう》らしいひとことである。五島は関東大震災後の都市開発には電鉄が不可欠と考え、東横電鉄、目蒲《めかま》電鉄の建設に才腕《さいわん》をふるった。沿線の土地を買収して宅地分譲《ぶんじょう》を行い、主要駅周辺の商店街を造成し、デパート、遊園地、バス路線を経営。企業買収も活発で、白木《しろき》屋、東洋精糖《せいとう》などを配下におさめた。

第3章

この人がいってたのか…
歴史の中の名言

和を以《も》って貴《とうと》しと為《な》し
忤《さから》ふること無きを
宗《むね》と為《せ》よ。

【聖徳太子●574~622】

聖徳太子●父は用明天皇、母は穴穂部間人皇女。推古天皇の摂政となり、冠位十二階・憲法十七条を制定。国史を編纂し、法隆寺を建立。

推古《すいこ》天皇12年（604年）に、聖徳太子《しょうとくたいし》によって作られた憲法十七条の第一条に掲《かか》げられたのが「和を以て貴しと為し」である。ではなぜ、太子はこれを第一条としたのか。

それは当時の太子を取り巻く政治情勢が深く関係していた。太子は用明《ようめい》天皇を父に、穴穂部間人皇女《あなほべのはしひとのこうじょ》を母として生まれた。父母はともに欽明《きんめい》天皇の子であり、蘇我《そが》氏の女《むすめ》を母としていたので、太子と蘇我氏は濃厚な血のつながりがあった。

蘇我氏は稲目《いなめ》以来、外戚《がいせき》として急速に勢力を伸ばし、朝廷譜代《ふだい》の豪族《ごうぞく》の大伴《おおとも》氏、物部《もののべ》氏らと激しい権力闘争《とうそう》を繰《く》り返していた。その頂点に立ったのが、蘇我馬子《そがのうまこ》と物部守屋《もののべのもりや》であった。仏教を信奉《しんぽう》する蘇我氏と石上《いそのかみ》神宮を氏神《うじがみ》とする物部氏という、仏教と神《しん》道《とう》の対立の側面もあったが、根本は権力争いである。

両者は穴穂部皇子《おうじ》と泊瀬部《はつせべ》皇子の王位継承権をめぐって、ついに戦端をひらき、物部氏は滅んだ。このとき、太子は蘇我氏側に立って戦勝を祈願したという。しかし、勝利した馬子は日毎《ひごと》に増長し、ついに崇峻《すしゅん》天皇と対立。馬子は帰化人の刺客《しかく》を放って崇峻を弑逆《しいぎゃく》（殺害）した。

その翌年（593年）、太子は推古天皇の皇太子《こうたいし》となり、摂政《せっしょう》になった。

馬子の強大な勢力に皇室の権威《けんい》は危機に直面し、聡明《そうめい》な太子に大きな期待が寄せられたが、太子は慎《しん》重《ちょう》に諸情勢を見極めていた。

太子は蘇我氏をはじめ諸豪族間の争いを治《おさ》め、官民と共に秩序正しい平和国家の成立に向けて思索《しさく》し、努力を重ねた。

その太子の理想の実現の第一歩が「冠位十二階」の制定と「憲法十七条」の発布《はっぷ》だったのである。

この憲法は日本最初の成文律《せいぶんりつ》で、多分に道徳的な色彩が強いが、後世に与えた影響は少なくない。「貞《じょう》永式目《えいしきもく》」「建武《けんむ》式目」「朝倉敏景《あさくらとしかげ》十七箇条」などはこれを見倣《みなら》ったといわれている。

明治天皇の「五箇条の御誓文《ごかじょうのごせいもん》」にも、太子の憲法十七条と同じような趣旨《しゅし》が盛り込まれていることは知られている。

飛鳥

天に双《ふた》つの日無く、国に二《ふたり》の王無し

【中大兄皇子●626~671】

中大兄皇子●舒明天皇の皇子。蘇我氏を倒し、大化の改新を成功させた。668年、即位して天智天皇となり、律令国家の基礎を作った。

皇極《こうぎょく》天皇4年(645年)6月、皇位をも窺《うかが》っていた蘇我入鹿《そがのいるか》を暗殺し、その父蝦夷《えみし》を自害に追い込んで蘇我氏を滅ぼした中大兄皇子《なかのおおえのおうじ》は、翌日、孝徳《こうとく》天皇を立て、自らは皇太子となり、中臣鎌足《なかとみのかまたり》を内臣《うちつおみ》(非《ひ》常置《じょうち》の重要ポスト)に据《す》えて新政の陣容《じんよう》をかためた。すなわち〝大化の改新〟である。

新政の理念は聖徳太子がめざした国家理想を継承《けいしょう》し、唐《とう》の律令《りつりょう》制度に学んで、天皇を中心とする中央集権国家の成立にあった。

なかでも重大問題は、土地人民の私有を禁止する「公地公民の制」であった。これは豪族《ごうぞく》社会の経済基盤《きばん》を根底から覆《くつがえ》すもので、実施《じっし》にはもっとも困難が予想された。しかし、この大改革はぜひとも実行しなければならず、中大兄皇子は率先して私有の土地人民を献上《けんじょう》し、自ら模範《もはん》を示した。

「天に双つの日無く、国に二の王無し」はそのときの奉答《ほうとう》の冒頭《ぼうとう》にある言葉だ。

出典は『礼記《らいき》』の「天に二日無く、土に二王無し」からで、聖徳太子《しょうとくたいし》の憲法十七条第十二条にも「国に二君非ず、民に両主無し」とあり、同じ意味である。いずれも天皇の絶対的権威の確立を目的としている。

中大兄皇子は革新政治を推《お》し進める一方、皇位継承有力候補《こうほ》の古人大兄《ふるひとのおおえ》、功臣の蘇我倉石川麻呂《そがのくらのいしかわのまろ》を粛《しゅく》清《せい》し、さらに孝徳天皇の遺児有馬皇子《ありまのおうじ》(640〜658年)を反乱罪で処刑した。

斉明《さいめい》天皇(皇極が再び即位)6年の7月、斉明が死去するが、なぜか中大兄皇子は即位せず、天皇位空白のまま7年が過ぎる。その後、即位(天智《てんじ》天皇)するが、この間、中大兄皇子は天皇の代行として政治を行った。これを称制《しょうせい》という。

天智の時代、百済《くだら》救援《きゅうえん》のため新羅《しらぎ》討伐《とうばつ》に派兵した日本軍が白村江《はくそんこう》の戦いで唐の水軍に大敗し、天皇と支配層に深い恐怖感を与えた。それで国内改革を急がせたともいう。

天智は政治謀略《ぼうりゃく》には長《た》けていたが、死後、わが子大友皇子《おおとものおうじ》と弟の大海人皇子《おおあまのおうじ》が〝壬申《じんしん》の乱〟を戦うことを見通していただろうか。

罪なくして囚《と》報《ら》はる。此《こ》れ決《さ》定《だ》めて死なむ。

【長屋王●684～729】

長屋王●藤原不比等の死後、右大臣・左大臣と出世し、皇族勢力の代表となった。風雅を好み『万葉集』『懐風藻』に和歌や詩を残す。

長屋王《ながやのおう》が正二位《しょうにい》左大臣に昇任《しょうにん》したのは、聖武《しょうむ》天皇の即位した神亀《じんき》元年（724年）のことである。

長屋王は天武《てんむ》天皇の長男高市皇子《たけちのおうじ》を父に、元明《げんめい》天皇の姉御名部皇女《みなべのこうじょ》を母として生まれるという抜群の血筋であり、詩文の才にも恵まれた文化人であった。

長屋王の政治は「百万町歩《ちょうぶ》開墾《かいこん》計画」や「三世一《さんぜいっ》身《しん》の法」で知られている。が、長屋王が危惧《きぐ》を抱いていたのは、藤原氏への権力集中であった。藤原氏は不比等《ふひと》の死後、その4子房前《ふささき》、武智麻呂《むちまろ》、麻呂《まろ》、宇合《うまかい》が着々と勢力拡大を狙《ねら》っていた。

最初の衝突《しょうとつ》は、聖武天皇の生母藤原宮子《ふじわらのみやこ》の尊号《そんごう》問題であった。藤原4兄弟が宮子に「大夫人」の称号を与えようとしたが、長屋王は律令法をたてに異議を唱えて撤回《てっかい》させた。

神亀4年(726年)、聖武天皇の夫人藤原安姫媛《あすかべひめ》は待望の男児を産んだ。基王《もといおう》といい、わずか1か月で立太子《りったいし》されたが、病弱で翌年9月に死去した。ところがこの年、夫人県犬養広刀自《あがたいぬかいひろとじ》も男児を出産した。安積親王《あさかしんのう》である。当然、有力な皇位継承候補《けいしょうこうほ》となる。

ここで藤原4兄弟と県犬養橘三千代《あがたいぬかいのたちばなのみちよ》（安姫媛の生母）は、新たな対抗策を練った。それは、安姫媛を天子の嫡妻《ちゃくさい》とし、国政も執《と》る権限をもつ「皇后《こうごう》」に立て、新皇子の誕生に期待するというものだった。

しかし、「皇后」は妃《きさき》の中からひとりを立てることに決まっており、しかも律令では妃は皇親《こうしん》でなくてはならない。安姫媛の立后《りっこう》はこれに違反する。これを長屋王が承服《しょうふく》するはずがない。そこで、藤原4兄弟は長屋王排斥《はいせき》の謀議《ぼうぎ》を重ねた。

神亀6年2月10日、「長屋王が左道《さどう》(道教の方術)を学んで謀反《むほん》を企《くわだ》てている」と密告した者があった。朝廷は直《ただ》ちに不破《ふわ》・鈴鹿《すずか》・愛発《あらち》の関を止め、藤原宇合率《ひき》いる六衛府《ろくえふ》の兵を派遣《はけん》して長屋王の邸宅を取り囲んだ。

長屋王は無実の罪に陥《おとしい》れられたと悟《さと》って自害した。妻の吉備内親王《きびのないしんのう》や王子たちもあとを追って自害し、一族は滅亡した。長屋王が罪なくして死に追いやられたことは、当時の人々にとって周知の事実だったという。

東風《こち》吹かば にほひをこせよ梅花《うめのはな》 主《あるじ》なしとて春を忘るな

【菅原道真●845~903】

菅原道真●宇多法皇・醍醐天皇の信任は篤かったが901年、道長57歳のとき、左大臣藤原時平の策謀で左遷され失意の晩年を送った。

醍醐《だいご》天皇の昌泰《しょうたい》2年（899年）2月、藤原時平《ときひら》は左大臣、道真《みちざね》は右大臣に任じられた。この道真の昇進はだれもが驚く異数の抜擢《ばってき》だった。

学者の家から大臣に進んだのは、遠く奈良朝の右大臣吉備真備《きびのまきび》の例があるのみで、以降百二十余年間なかったことであった。

そのため藤原氏一門の反感が強まった。道真はそれを承知して、なるべく政務についての奏請《そうせい》を差し控《ひか》えていた。しかし、宇多《うだ》法皇には道真を政務に専任させたい意向があった。時平一派はこれを感知し、道真を陥《おとい》れようとその機会を待った。

延喜《えんぎ》元年（901年）1月7日、時平は左大将を兼ね、従二位に昇ると、同じく道真も右大将、従二位となった。その18日後のこと。突然、道真は大宰《だざい》権師《ごんのそち》に左遷《させん》となる。道真が醍醐帝を廃して、娘婿《むすめむこ》の斎世《ときよ》親王（法皇の第3皇子）の擁立《ようりつ》に策動している、と訴えた者があったためである。

罪名は「法皇の御意《ぎょい》を欺惑《ぎわく》して、法皇と天皇の父子を離間し、兄弟（天皇と斎世親王）の離間を企《たくら》んだ」（『扶桑略記《ふそうりゃっき》』）というものであった。

道真は罪を認めた。斎世親王の擁立は法皇の意志であったから、その罪を一身に背負ったのであろう。

筑紫《ちくし》の大宰府《だざいふ》へ旅立つ日。庭に咲く梅を見て詠《よ》んだのが「東風《こち》吹かば…」の歌である。この歌は梅の別れを惜《お》しんだのではなく、家に残す多くの子女に別れかね、ふと梅の花にこと寄せて、子女からの便りを祈ったものである。

2年後、道真は都へ帰ることなく、大宰府の地で59年の生涯を終えた。その後、都では旱魃《かんばつ》・暴風雨《ぼうふうう》・落雷《らくらい》・疫病《えきびょう》が相次《あいつ》ぎ、時平をはじめ道真を追放した公家《くげ》たちが次々と死んだ。延長《えんちょう》8年（930年）6月29日、清涼殿《せいりょうでん》の落雷で大納言《だいなごん》藤原清貫《ふじわらのきよつら》と右中弁平《たいらの》希世《まれよ》が焼死した事件は、さすがの権門勢家も震えあがった。

都人《みやこびと》は〝道真の祟《たた》り〟だと恐れ、天暦《てんりゃく》元年（948年）、時平の孫藤原師輔《もろすけ》が北野大社を建立して、その御霊《みたま》を天神《てんじん》として祭祀《さいし》した。今の北野天満宮である。

此《こ》の世をば
我が世とぞ思ふ望月《もちづき》の
かけたることも
無しと思へば

【藤原道長●966〜1027】

藤原道長●3人の兄の死により、995年に右大臣、氏長者となる。20年にわたって藤原氏の全盛を現出し、権力をほしいままにした。

その日、寛仁《かんにん》2年（1018年）10月16日。宮中で道長《みちなが》の3女威子《いし》の立后の儀が行われた。その後、盛大な祝宴《しゅくえん》が催《もよお》され、その席上で道長が即興《そっきょう》で詠《よ》んだのが、この〝望月の歌〟である。

藤原実資《さねすけ》の日記『小右記《しょうゆうき》』には、実資の発案で居並ぶ諸卿が、〝望月の歌〟を数回にわたって朗詠《ろうえい》し、これには道長も至極《しごく》ご満悦の様子であった、とある。酔余《すいよ》の即興とはいえ、これが道長の本心でなくてなんであろうか。「かけたることも無し」の言葉は、道長一家の宮廷政治専制が微塵《みじん》の揺るぎもないという驕慢《きょうまん》以外のなにものでもない。

道長の娘、彰子《しょうし》、妍子《けんし》、威子の3人はそれぞれ天皇の后《きさき》となり、彰子の産んだ後一条《ごいちじょう》天皇が即位した。嫡男《ちゃくなん》・頼通《よりみち》の摂政《せっしょう》・内大臣をはじめ、子どもたちは教通《のりみち》が左大将、能信《よしのぶ》が右中将、頼宗《よりむね》が左衛門督《さえもんのかみ》などの顕官《けんかん》を占《し》めている。

道長は太政大臣を辞退して新造の土御門第《つちみかどてい》（邸《やしき》）に移ったが、政治の実権は手放さず、まさに類《たぐい》なきわが世の栄華《えいが》を誇《ほこ》っていた。

しかし、道長の政治とは廟堂《びょうどう》政治の支配であり、諸国や都の人民にはいっさい関心を払うことはなかった。諸国の支配はすべて受領《ずりょう》まかせであり、飢《き》饉《きん》・疫病《えきびょう》で苦しむ人民がいても、土御門第の庭池に農民の水田に使用する賀茂川の水を引き入れたり、巨石を運び入れるのに、連日、数百人の人夫を使役《しえき》したが、人数が足りないと路上の人民を捕らえて酷《こく》使《し》した。

諸国では海賊《かいぞく》の跳梁《ちょうりょう》、群盗の跋扈《ばっこ》があり、都でも盗賊の横行や放火が絶えず、貴族たちは恐怖に日々怯《おび》えていた。頼宗や参議通任《みちとう》の屋敷は放火や掠奪《りゃくだつ》にあった。

〝望月の歌〟を詠んだ翌年、道長は病のために出家し、政界を引退するが、その後、長い間の政治闘争で道長に排斥《はいせき》された者たちの死霊《しりょう》や怨霊《おんりょう》に悩まされ続けた。

晩年は、ひたすら来世の極楽往生《ごくらくおうじょう》を願って阿弥陀《あみだ》堂を建て、さらに怨霊の調伏《ちょうぶく》を祈って広大な法成寺《ほうじょうじ》を建立《こんりゅう》した。

波の下にも都のさぶらふぞ。

【二位尼●1126?～1185】

二位尼●平清盛の正妻・時子のこと。壇ノ浦の戦いで平氏が源氏に大敗を喫したとき、安徳天皇を抱いて入水自殺した。

二位尼《にいのあま》とは平清盛《たいらのきよもり》の妻時子《ときこ》のことである。承安《じょうあん》元年（1171年）、娘の徳子《とくこ》が高倉天皇の中宮に上ると、すでに落飾《らくしょく》していた時子は従二位に叙《じょ》せられ、以後、二位尼と呼ばれるようになった。

兄の平時忠《ときただ》が〝平氏にあらずんば人にあらず〟と豪語《ごうご》した平氏一門の栄華《えいが》も、〝奢《おご》れる者久《ひさ》しからず〟のたとえのごとく没落《ぼつらく》のときを迎える。源氏の破竹《はちく》の進撃に一《いち》ノ谷《たに》、屋島《やしま》を追われた平氏一門は、文治《ぶんじ》元年（1185年）3月24日、長門《ながと》壇《だん》ノ浦《うら》で得意とする船戦《ふないくさ》（海戦）を挑んだ。が、戦いは利あらず、時刻の経過とともに敗色が濃厚となった。

二位尼はいよいよ最期《さいご》のときを迎えたことを察し、8歳の安徳《あんとく》天皇を抱き、神璽《しんじ》（勾玉《まがたま》）の箱を小脇《こわき》にはさみ、宝剣を腰に差して、船端《ふなばん》に現れ、

「わが身は女なりとも敵の手にはかかるまじ。帝《みかど》のお供に参るなり。志《こころざし》ある者はわれに続きたまへ」

と呼びかけた。

二位尼のただならぬ様子に、幼《おさな》い帝は「尼前《あまぜ》、われをいずちへ具《ぐ》して行かんとするぞ」と尋ねた。

尼は、「極楽浄土《ごくらくじょうど》へお連れするのです」と答えると、帝はちいさな手を合わせ、東方の伊勢大神宮を伏し拝《おが》み、西方に向かって念仏を唱えた。

あまりの痛ましさに二位尼は涙が止まらなかったが、気を強くもちなおすと「波の下にも都がございますよ」と慰《なぐさ》め、幼帝とともに海中に身を投げた。

次いで、帝の生母建礼門院《けんれいもんいん》（徳子）が硯石《すずりいし》や焼石を左右の懐《ふところ》に入れて入水《じゅすい》、清盛のふたりの弟教盛《のりもり》、経盛《つねもり》は錨《いかり》を背負って海中に飛び込み、重盛《しげもり》の子資盛《すけもり》、有盛《ありもり》兄弟なども手を組み合って後を追った。

平氏の総帥《そうすい》宗盛《むねもり》は、船端から突き落とされたが、あいにく水練の名手。浮かんでいるところを捕らえられ、鎌倉へ連行されたが、再び京都へ戻される途中、子の清宗《きよむね》と共に斬首《ざんしゅ》され、獄門《ごくもん》にかけられた。

戦いの後、朝廷では天皇の践祚《せんそ》に欠くことのできない神器《じんぎ》のひとつ、宝剣の行方を探索したが、潮流の激しい場所だけに発見できなかった。

海中へ投じた建礼門院や多くの女性が救い出されたが、二位尼と幼帝は遺骸《いがい》さえも見つからなかった。

いざ鎌倉。

【佐野源左衛門●鎌倉】

佐野源左衛門●鎌倉時代の御家人といわれているが、実在の人物かどうかは不明。栃木県願成寺に源左衛門の墓がある。

武士道の精華《せいか》（優れたところ）をよく表した物語のひとつとして人口に膾炙《かいしゃ》されている。

ある旅の僧が下野国《しもつけのくに》佐野の里（現栃木県佐野市）で大雪にあい、とあるあばら家へ一夜の宿を乞《こ》うた。家の主人はあまりにも見苦しい住居だったので一度は断るが、「自分がこのように零落《れいらく》したのも前世《ぜんせ》の因果《いんが》であろう。せめてこのような人の助けになろう」と思い返して旅の僧を呼び入れた。

しかし、何ももてなすことはできない。やがて雪夜の寒さが身にしみてきた。主人は火を焚《た》いて暖をとらせたいが、何も燃やすものはない。ふと思い出して鉢《はち》の木を持ち出してきた。「むかしは鉢の木を好んでずいぶん集めたが、梅松桜のほかはみな人にやってしまった。この3鉢を切り焚いて今夜のおもてなしにしましょう」と、惜《お》し気もなく秘蔵の鉢の木を囲炉裏《いろり》に焼《く》べるのだった。

僧は主人の行為に感動し、「あなたは只者《ただもの》とは思えない。ぜひ、お名前をお聞かせ願いたい」と尋ねると、「この上は何を隠しましょう。これこそ佐野源左衛門常世《つねよ》のなれの果てでござる」と語る。「何《なに》故《ゆえ》にそのようになられた」と僧は重ねて尋ねた。

「一族の者に所領をことごとく押領《おうりょう》されて、かくの如《ごと》き身となりました。しかしながら、落ちぶれたりといえどもこの源左衛門、鎌倉殿に一大事あれば、千切《ちぎ》れたりとも具足《ぐそく》を着け、錆《さ》びたりとも薙刀《なぎなた》を持ち、痩《や》せたりともあの馬に乗り、一番に馳《は》せ参じ、一命を投げうつ所存《しょぞん》でござる」

と、その覚悟のほどを述べる。

やがて、鎌倉から動員令が下る。源左衛門は約束に違わず、急いで鎌倉へ駆けつけた。すると大勢の武者《むしゃ》の中から源左衛門が最明寺《さいみょうじ》殿（執権《しっけん》北条時頼《ときより》）に呼び出される。

顔を見ればなんと、かの旅の僧こそ執権時頼の廻《かい》国《こく》の姿であったのだ。時頼は雪夜の礼を述べるとともに、源左衛門が約束を違《たが》わずにいち早く鎌倉へ馳せ参じたことを誉《ほ》め、押領された所領と鉢の木の梅松桜にちなんだ所領を与えた。

これが謡曲『鉢の木』の物語である。

我こそは新島守《にいじまもり》よ隠岐《おき》の海の荒き波風心して吹け

【後鳥羽上皇●1180～1239】

後鳥羽上皇●第82代天皇。安徳天皇が退位しないまま都落ちしたので、後白河法皇の院宣によって即位。『新古今和歌集』を撰した。

王朝国家の復権を願っていた後鳥羽院《ごとばいん》が討幕《とうばく》を計画した直接の引き金は、鎌倉将軍源実朝《みなもとのさねとも》の暗殺であった。

実朝の在世中は、頼朝以来の朝臣として皇室を尊《そん》崇《すう》し、表立っての対立はなかった。しかし、実朝の死とともに源家は消滅し、今後は武家政権と向かい合うことになる。

鎌倉幕府の代表は執権《しっけん》北条義時《よしとき》だ。義時は公武融《こうぶゆう》和策《わさく》として、後鳥羽院の皇子頼仁《よりひと》親王を宮将軍に迎えようと願い出たが、院は返答を引き延ばしたうえ、これを拒否し、渋々ながら九条道家の子頼経《よりつね》の東下《とうげ》を許した。

その一方で、院は討幕の準備を進め、北面のほかに西面にも武士を置いて兵力の拡大に努めた。北条氏に怨恨《えんこん》を抱く者、守護職を追放された者、鎌倉政権の恩恵《おんけい》を蒙《こうむ》らない者などにも呼びかけ、次いで延《えん》暦寺《りゃくじ》・東寺《とうじ》・仁和寺《にんなじ》に〈義時調伏《ちょうぶく》〉の修法《しゅほう》を命じたのである。

そしてついに、承久《じょうきゅう》3年(1221年)5月14日、後鳥羽院は〈義時追討の宣旨《せんじ》〉を発し、討幕の旗を挙げた。院の呼びかけに応じた軍勢は、おおよそ三万二千余。

幕府では東国の武士に動員令を下し、十九万六千余の軍勢を鎌倉に集結させた。その後、東海道・東山道・北陸道の三道から、怒濤《どとう》のごとく都へ進撃した。

後鳥羽院方は木曾川、宇治《うじ》・勢多《せた》で一戦したが、たちまち敗北する。しょせん寄せ集めの軍勢では、錬成《れんせい》した東国武士団に太刀《たち》打ちできる筈《はず》はなかったのである。

乱後の処置は厳格だった。

討幕に加担した西面の武士の大江広綱《ひろつな》らは梟首《きょうしゅ》となり、公家《くげ》の一条信能《のぶよし》、葉室光親《はむろみつちか》らの寵臣《ちょうしん》は鎌倉へ護送の途中で斬《き》られた。

後鳥羽院は隠岐《おき》へ、順徳《じゅんとく》上皇は佐渡へ配流《はいる》となった。院は再び都へ帰ることなく、18年後、隠岐国の苅田《かりた》御所で没した。

「新島守」の歌は、このときに詠《よ》まれたものである。

七生まで同じ人間に生まれて朝敵を滅ぼさん。

【楠木正季●?～1336】

楠木正季●鎌倉時代から南北朝時代の武将、楠木正成の弟。兄と刺し違えたとも、腹を切って自害したとも伝えられる。

楠木正成《くすのきまさしげ》は太平洋戦争の敗戦まで、日本史上でもっとも人気のあった英雄であった。しかし、皇国史観《こうこくしかん》が追放された戦後はまったく顧《かえり》みられることがなく、人気も失った。いや、無視されたといっていい。戦前と戦後の評価が、これほど激変した人物はいないだろう。

元弘《げんこう》元年（1331年）9月、楠木正季《まさすえ》は兄の正成と共に河内国《かわちのくに》の赤坂城に挙兵《きょへい》し、千早城《ちはやじょう》や各地で奮戦《ふんせん》した。

鎌倉幕府は滅亡し、後醍醐《ごだいご》天皇の〝建武中興《けんむのちゅうこう》〟は成ったが、公家《くげ》と武家の反目や武家同士の抗争が起こり、武家政権の樹立を目指す足利尊氏《あしかがたかうじ》は九州へ下る。

やがて尊氏は大軍を率いて東上。この事態に後醍醐帝はじめ宮方は、正成に尊氏討伐《とうばつ》を命じた。正成は少勢をもって大軍を迎え撃つ不利を説き、ひとまず帝《みかど》を比叡山《ひえいざん》に移し、足利軍を京都に引き入れて糧道《りょうどう》を断つ戦略を述べたが聞き入れられず、やむなく討《う》ち死《じに》を覚悟で湊川《みなとがわ》へ向かった。

正季は湊川決戦を前に河内から500騎の新手《あらて》の兵を引き連れて合流したが、正成はわが子正行《まさつら》に300騎をつけて河内へ帰ることを命じた。正季はただでさえ少ない兵力を割くことに反対したが、正行の将来のことも考えて兵の温存を計ったのである。

かくして延元《えんげん》元年（1336年）5月25日、楠木軍700騎は足利の大軍と湊川で衝突《しょうとつ》、6時間におよぶ激戦のすえ、敗戦を悟《さと》った正成は一族郎党を一民家に集めて、正季にこう問うた。

「人間は最期《さいご》の一念で善悪の生を引くというが、そなたは九界《くかい》（仏界を除いた世界＝地獄・餓鬼《がき》・畜生《ちくしょう》・阿修羅《あしゅら》・人間・声聞《しょうもん》・縁覚《えんがく》・菩薩《ぼさつ》）のいずれに生まれたいか」

正季はからからと打ち笑って、

「七生まで同じ人間に生まれて、朝敵を滅ぼしたい」

と応えると、正成も自分も同じであるとうなずき、正季と刺し違えて散った。

この正季の最期の言葉が、後に〝七生報国《しちしょうほうこく》〟という勤王《きんのう》標語を生んだ。

人は城、人は石垣、人は堀、情は味方、讎《あだ》は敵なり。

【武田信玄●1521～1573】

武田信玄●甲斐守護の武田信虎の嫡男。父を追放して自立。天文22～永禄7年にわたる5度の上杉謙信との川中島での戦いで有名。

甲斐《かい》とは〝峡《かい》〟の義である。四周を峻険《しゅんけん》な山々に囲まれ、さながら天然の要害を形成している。

その甲府盆地の中央に信玄の居館躑躅《つつじ》ケ崎館《さきやかた》はある。周囲に堀を巡らし土塁《どるい》を積み上げたものだが、堅固《けんご》な構造となっている。

信玄は城を重視しなかったのではない。築城には多大な費用と人間の労力が必要で、それらはみな領民の負担となる。信玄はそれを避《さ》けたのである。

どんなに難攻不落な城を築いても、籠城《ろうじょう》していたら運は開けない。それよりも国力の充実が専一《せんいつ》である。まず領内に法度《はっと》（法律）を立て、軍法を定め、家臣団の結束を高め、百姓・職人には手厚く保護を加える。

それが信玄の領国経営であった。信玄ほど百姓に気配りした大名はいない。兵農分離のできない武田軍の限界がそこにあるのだが、合戦で兵の消耗をもっとも恐れていたのも信玄であった。兵の消耗が生産力に直結していたからである。

信玄は信濃《しなの》、上野《こうずけ》、駿河《するが》へ進出して領土を拡張したが、占領地の経営も巧《うま》かった。降伏した土地の武士はそのまま統治《とうち》させて、武田軍団に組み入れたし、捕虜《ほりょ》にした女子供は奴隷《どれい》として競買にかけ、男は金山掘りの人員として送り込んだ。一見、冷酷非情のようだが、生命を奪うことなく人材資源を有効に活用したともいえるだろう。

占領地では次々と城を築いている。信濃では海津《かいづ》城《じょう》、深志《ふかし》城、駿河では江尻城、諏訪《すわ》ノ原《はら》城、田中城などで、信玄とても軍事拠点の築城は欠かせないのである。

信玄の合戦哲学がある。戦いは五分の勝ちをもって上とし、七分の勝ちは中、十分の勝ちは下であるとした。なぜなら、五分は励《はげ》みを生じ、七分は怠《おこた》りを生じ、十分は驕《おご》りを生じるからで、常に六、七分の勝ちを越えないことに気をつけたという。

信玄が孜々《しし》として（努《つと》め励んで）築き上げた武田王国も滅びるときは呆気《あっけ》なかった。名将信玄の死は、とりもなおさず〝人は城、人は石垣〟の固い結束がほころびたことを意味する。

我れ公と争ふ所は、弓箭《ゆみや》にありて、米鹽《かて》にあらず。

【上杉謙信●1530～1578】

上杉謙信●越後守護代長尾為景の末子。兄の晴景を押しのけて守護代となり、後に山内上杉氏を継承し、関東管領となった。

謙信は混濁《こんだく》の乱世を吹き抜けた一陣《いちじん》の清風《せいふう》であった。彼は何よりも〝筋目《すじめ》〟を守ることを大事にし、領土拡張の野心はいっさいもたなかった。

仏神の信仰厚く、自分は毘沙門天《びしゃもんてん》の生まれ変わりで〝軍神《いくさがみ》〟であると信じていた。合戦に先だって軍議は開くが発言はさせない。ただ軍神の啓示《けいじ》によって下知《げち》するだけである。

それでいて戦えば恐ろしく強い。おそらく日本一強かっただろう。

川中島で宿敵武田信玄と何回も戦ったが、その雌《し》雄《ゆう》は決しなかった。しかし、振り返ってみると川中島一帯はことごとく信玄の領土になっていた。

謙信は戦《いくさ》には鬼神《きしん》の如《ごと》く強いが、本領越後《えちご》の経営は下手《へた》だった。家臣の動向や把握《はあく》も大雑把《おおざっぱ》であったから、離反する者も出た。家臣にすれば合戦で手柄《てがら》をあげても、謙信は領土を拡張しないから加増はない。離反するのも当然だろう。

しかし、謙信はそんな家臣の思惑《おもわく》を無視して出兵した。関東管領《かんとうかんれい》の誇《ほこ》りにかけて〝筋目〟を守り、〝正義〟の戦いをするために関八州を駆け巡った。

永禄《えいろく》10年（1567年）、武田と今川の同盟が破約し、今川氏は塩留《しおど》めに踏み切った。北条氏も同じく甲斐へ塩の輸送を禁止した。甲斐は山国であり、塩や俵物《たわらもの》（乾物類《かんぶつるい》）は駿河《するが》・相模《さがみ》から買い入れるしか方法がない。甲斐国中は塩不足に陥《おちい》った。

これを聞いた謙信は、すぐに大量の塩を信玄へ贈ったという。謙信の美談のひとつだが、実際は昔から越後の糸魚川《いといがわ》から松本平への道と、直江津《なおえつ》から上田・諏訪《すわ》を結ぶ〝塩の道〟があり、塩商人が往来していた。謙信はただ、それを禁止しなかっただけである。

謙信は信玄の死去の報を聞くと、口にしていた湯《ゆ》漬《づ》けを吐き出し、「さてもさても残念なことである。英雄人傑《えいゆうじんけつ》とは信玄をこそいうのであろう」と、はらはらと涙を流し、3日間の音曲を禁止した。

長篠《ながしの》の合戦《かっせん》の後、出陣を勧《すす》める者がいたが、謙信は「人の落目《おちめ》を見て攻め取るは本意でない」と出陣しなかった。これもまた、謙信の美談であろう。

人間五十年、下《げ》天《てん》の内をくらぶれば夢《ゆめ》幻《まぼろし》のごとくなり。

【織田信長●1534～1582】

織田信長●織田信秀の嫡男。青年時代は大うつけと呼ばれていたが、後に尾張を統一し、畿内をも制圧したが、本能寺の変で自害。

幸若舞《こうわかまい》『敦盛《あつもり》』の一節であるが、意味は人間の一生など50年ほどのもので、500年生きるという化《げ》天《てん》（天界のひとつ）に比べれば、夢幻のように短くはかないものよ、という無常観を謡《うた》ったものだ。

それにしても、49歳で本能寺に散った信長を表徴《ひょうちょう》しているかのような『敦盛』の一節ではないか。この後に「一度《ひとたび》生をうけ滅《めっ》せぬ者のあるべきか」と続くのである。

もうひとつ愛唱歌がある。「…死のうは一定《いちじょう》、しのび草には何をしよぞ…」の小唄である。いかに明日の命も知れぬ戦国の世に生をうけたにせよ、信長には初めから生命を投げ捨てているところがあり、その死生観には凄《すご》みさえある。

〝尾張《おわり》の大うつけ〟と呼ばれ、町中で人目もはばからず、餅《もち》をほおばり、栗、柿、瓜《うり》をかぶり喰いし、人の肩にもたれかかりながら暴れまわった生粋《きっすい》の自然児だったからこそ、独自の感覚でつかみ取った明快な人生哲学だったといえる。

信長の49年の生涯は、ただ〝凄《すさ》まじい〟のひと言に尽きる。中世的権威をことごとく破壊し、近世へ日本史を大きく回転させた人物として、今日も信長の評価は高い。

ある人は「史上稀《まれ》にみる天才」だといい、ある人は「悪鬼外道《あっきげどう》の魔王」だという。だが、そんな後の世の評価なぞ、信長には痛くも痒《かゆ》くもないに違いない。

信長の着眼の鋭《するど》さは商業都市の堺・近江草津《おうみくさつ》を抑え、鉄砲製造の拠点を握《にぎ》ったことであり、時代を突き動かすものは商工業だと見抜いていた点だ。

信長は理想とする〝天下布武《てんかふぶ》〟へ向かって、休むことなく苛烈《かれつ》極まる軍事行動を続けた。敵対する輩《やから》は女子供であれ、古刹《こさつ》の名僧であれ、容赦《ようしゃ》しない。鉄砲で撃ち殺し、焼き殺し、根絶やし（皆殺し）だ。冷酷、残忍このうえないが、信長は眉《まゆ》ひとつ動かさない。

本能寺で明智光秀《あけちみつひで》の襲撃《しゅうげき》を受けるや「是非《ぜひ》に及ばず」とひと言吐いたという。生に未練を残さぬ男の最期《さいご》は、また爽《さわ》やかでもある。

敵は本能寺にあり。

【明智光秀●1528～1582】

明智光秀●永禄11年に越前から上洛、義昭・信長に両属したが、本能寺で信長を討った後、秀吉に大敗し、逃走中に農民に殺された。

〝本能寺の変〟は、日本歴史上、最大の謎のひとつである。

まず、光秀がなぜ謀反《むほん》に踏み切ったのか、その理由である。怨恨《えんこん》説、野望説、突発説、朝廷謀議《ちょうていぼうぎ》説、足利義昭《あしかがよしあき》との連携《れんけい》説など、数え上げたら限りがない。それぞれにはもっともらしい理由もあるが、しかし、あくまで推理の域《いき》を出ておらず、これだという決定打はない。

重要な点は、光秀の目的が「信長殺し」にあったのか、「天下取り」にあったのか、それさえわかっていないことだ。

ただ、天正《てんしょう》10年（1582年）5月下旬の状況は、光秀のライバルである信長麾下《きか》の諸将がみな遠国《おんごく》で敵と戦っており、京都に一番近くいたのは光秀ひとりだったということである。ここで信長を討《う》てば、必然的に天下が転がり込んでくると光秀は考えたに違いない。このような機会は二度とないだろう。

天の利、地の利、時の利があった。

愛宕《あたご》山に参籠《さんろう》して籤《くじ》を引き、連歌《れんが》の発句《ほっく》に、

時は今　あめが下《した》しる五月哉《さつきかな》

と詠《よ》んだときには、すでに謀反を決めていただろう。

謀反計画は細心の注意と秘密を保たねばならぬ。光秀は亀山城出陣のとき、将兵1万3000に「信長公が馬揃えを検分する」と偽《いつわ》り、丹波《たんば》と山城《やましろ》の国境〝老《おい》ノ坂《さか》〟を越えた。ここで初めて信頼する数名の重臣に決意を打ち明け、桂川《かつらがわ》を渡ったところで、「敵は本能寺にあり」と全軍に告げている。

本能寺を急襲し信長は討った。だが、その後の光秀は支離滅裂《しりめつれつ》で、天下取りの青写真さえなかったことが露呈《ろてい》する。縁戚《えんせき》の細川幽斎《ゆうさい》・忠興《ただおき》父子さえ味方しなかったし、光秀の呼びかけに応じた大名はだれひとりなかった。

信長は流浪《るろう》の光秀を織田家の重臣にまで取り立ててくれた大恩人である。その主人を殺すことを〝弑《し》逆《ぎゃく》〟という。

光秀は〝悪逆者〟の汚名《おめい》から永劫《えいごう》に逃れることはできない。

願はくは、我に七《しち》難《なん》八《はっ》苦《く》を与へ給《たま》へ。

【山中鹿之介●1545〜1578】

山中鹿之介●出雲尼子氏の家臣。毛利氏の出雲侵入に抵抗し、活躍した尼子十勇士のひとり。毛利氏からの出雲奪回に失敗。打ち首に。

尼子《あまこ》氏の本城富田城は毛利《もうり》の大軍に包囲されること3年近く、その落城は旬日《じゅんじつ》の間に迫っていた。尼子の勇将山中鹿之介幸盛《しかのすけゆきもり》は、このとき22歳。彼は主家の滅亡を目前にして、自身の守り神と信仰する三日月に祈った言葉が、この「願わくばわれに七難八苦を与え給へ」である。

それは以後12年、尼子氏再興に執念《しゅうねん》を燃やし続けた男がたどった辛苦《しんく》の道、そのものであった。

鹿之介は僧籍に入っていた尼子勝久《かつひさ》を還俗《げんぞく》させて盟主に担《かつ》ぎ、永禄《えいろく》12年（1569年）6月、富田城を攻めたが失敗。次に新山《にいやま》城を奪って本拠とし、豊《ぶん》後《ご》の大友宗麟《おおともそうりん》の支援を得て、一時は出雲《いずも》の大半の回復に成功した。

それも束《つか》の間《ま》、毛利氏の猛反撃にあう。鹿之介ら尼子勢は獅子奮迅《ししふんじん》の働きをしたが、結局は敗《やぶ》れて落ちのびる。

元亀《げんき》2年（1571年）、鹿之介は伯耆《ほうき》末石で吉《きっ》川《かわ》元春の捕虜となり、尾高《おだか》城（米子《よなご》市）に監禁されたが、便所から脱走に成功する。この後、山賊や盗《とう》賊《ぞく》の首領となって、各地でゲリラ戦を展開した。

しかし、毛利氏の勢力は強大であり、出雲回復はむずかしいと考えた鹿之介は、上洛《じょうらく》を果たした中央政界の新勢力・織田信長を頼って活路を切り開こうとした。

やがて、羽柴《はしば》秀吉の山陽道攻めに加わり、尼子勢は播磨国《はりまのくに》の要衝上月城《ようしょうこうづきじょう》を守った。毛利勢と一進一退の激戦を繰り返したが、毛利輝元《てるもと》が3万の大軍で上月城を包囲。一方、秀吉は三木城攻めに苦戦し、とても救援の兵を送る余裕はなかった。

結局、秀吉は上月城を見捨てた。尼子勝久は自刃《じじん》し、城兵とその家族の命を救った。鹿之介は厳重な警護のもとに安芸《あき》へ送られることになったが、生かしておくと禍根《かこん》を残すと、天正《てんしょう》6年（1578年）7月17日、備中国高梁《たかはし》川の岸で斬殺《ざんさつ》された。

鹿之介といえば、石見《いわみ》の豪傑《ごうけつ》品川大勝が械木《たらき》（鹿が食べると角が落ちるという木）狼之介《おおかみのすけ》と名を改めて、一騎打《いっきう》ちの勝負を挑《いど》まれ、富田城外の飯梨《いいなし》川原で激闘《げきとう》の末に討ち取った話が有名である。

日本を今一度せんたくいたし申候事《もうしそうろうこと》ニいたすべくとの神願《しんがん》ニて候。

【坂本龍馬●1835〜1867】

坂本龍馬●土佐藩郷士の出。黒船襲来を知り、脱藩して勝海舟に師事。薩長同盟を仲介するなど活躍したが、明治維新直前に暗殺された。

文久《ぶんきゅう》3年（1863年）6月29日付けの姉坂本乙《おと》女《め》に宛《あ》てた手紙にある一節。乙女は龍馬のすぐ上の姉で、寝小便たれで泣き虫の龍馬を幼少から母親がわりに育て上げた女傑であった。

とにかく乙女は身の丈《たけ》174センチ、体重112キロという立派な体格で、剣術、馬術、弓術、水練にいたる武芸百般に長《ちょう》じていたばかりでなく、義太《ぎだ》夫《ゆう》、浄瑠璃《じょうるり》、琵琶《びわ》などの遊芸もこなし、学問もあった。そんな乙女に龍馬は鍛《きた》え上げられたのである。

「日本を今一度せんたく…」とは、ずいぶん気宇壮《きうそう》大《だい》な大ボラに聞こえるが、前年の10月、勝海舟《かつかいしゅう》を斬《き》りに行って、逆に諭《さと》されて門人となった龍馬が、その壮途をやや得意気《とくいげ》に乙女に語ったものだろう。

この手紙を書いた1か月前の5月、龍馬は勝海舟の使いで越前《えちぜん》へ行き、松平慶永《よしなが》に神戸海軍操練所への尽力《じんりょく》を要請《ようせい》した。このとき、横井小楠《しょうなん》、由利公正《きみまさ》と議論を交わした。実はこれは慶永が越前藩兵を率いて京都を制圧するクーデターの計画だったという。計画は8月18日の政変で未遂《みすい》に終わったが、龍馬の大ボラには根拠があったことになる。

龍馬は乙女宛ての手紙には、激動する幕末の政治情況下で自分が何を思い、どう行動するのか率直に伝えていた。

たびたびの龍馬の手紙に、男まさりの乙女は強い刺激を受け、弟龍馬と一緒に国事に奔走《ほんそう》しようと離婚までしたが、龍馬の暗殺で挫折《ざせつ》したという。

龍馬は現実に即応して合理的に行動する特質があった。物事に拘泥《こうでい》しない切り替えの早さで、こんなエピソードがある。

あるとき、土佐勤王党《きんのうとう》の古い同志が長刀《ちょうとう》を差しているのを見て、「長刀はいざというとき、役に立たぬ」と自分の短い実用的な差料《さしりょう》を示した。ところが次に出会うと、「もう刀では用にたたん。これだ」と懐中《かいちゅう》から短銃を取り出し、試射《ししゃ》して見せた。また、しばらくして龍馬に会うと、「これからは武力では片がつかぬ。必要なのは異国にも通用するこういう知識だよ」といって、『万国公法《ばんこくこうほう》』を懐中から取り出したという。

幕末

下拙刀《げせつのかたな》は虎徹《こてつ》の業物《わざもの》なりし故《ゆえ》哉《か》、無事に御座候《ござそうろう》。

【近藤勇●1834~1868】

近藤勇●現在の東京都府中市に生まれる。幕府が徴募した浪士隊に加わり、その後、新選組の局長となり、京都の治安維持にあたった。

元治《げんじ》元年（1864年）6月5日、討幕《とうばく》を画策《かくさく》する尊攘《そんじょう》派《は》浪士《ろうし》が京都に潜伏《せんぷく》していることを探知した新選組は、近藤勇《いさみ》以下10名が池田屋へ、土方歳三《ひじかたとしぞう》ら24名が四国屋へ向かった。

当初、池田屋には尊攘派の幹部数名が集まっているとの情報だったが、意外にも三十数名が集結していた。斬り込んだのは近藤、沖田総司《そうじ》、永倉新八《ながくらしんぱち》、藤堂平助《とうどうへいすけ》の4人で、いずれも天然理心流《てんねんりしんりゅう》・試衛館《しえいかん》の精鋭《せいえい》である（永倉は神道無念流《しんとうむねんりゅう》、藤堂は北辰一刀流《ほくしんいっとうりゅう》だが試衛館に食客として起居していた）。

激闘1時間、四国屋へ向かった土方らの隊士が駆けつけるまでの間、わずかな人数で三十数名を相手に斬《き》り結んだ。結果、尊攘派の巨魁《きょかい》宮部鼎蔵《みやべていぞう》、吉田稔麿《としまろ》ら7名を討ち取り、二十数名を捕《と》らえる大殊勲《だいしゅくん》をあげた。この激戦で「永倉の刀は折れ、沖田の帽《ぼう》子《し》（刀の先端）が欠け、藤堂の刀はささらの如《ごと》く」なったが、近藤の愛刀の虎徹《こてつ》は何事もなかった。

近藤は父周助への手紙で、池田屋襲撃《しゅうげき》の成功と、愛刀の虎徹を自慢《じまん》気《げ》に語ったものである。このために後世、近藤勇といえば「今宵《こよい》の虎徹は血に飢《う》えているぞ」という名セリフが創作され、講談・映画などで広まった。

長曾禰《ながそね》虎徹《こてつ》は新刀第一の名工で、業物《わざもの》として人気があった。業物とは試し斬りで、斬れ味が抜群の刀剣のことで、虎徹は〝最上大業物〟という評判を得ていた。作刀は武骨《ぶこつ》だが、反《そ》りが浅く実用向きで、近藤が虎徹に執着《しゅうじゃく》したのも理解できる。

ところが、近藤の虎徹は偽物《にせもの》だったという説がある。実は源清麿《みなもときよまろ》作を偽銘《ぎめい》切りの職人が〝虎徹〟に作り替えたというものだ。清麿も俗に〝四谷正宗〟といわれた名工だ。近藤が虎徹と信じて実戦に使用し、折れもせず、曲がりもせず、よく斬れたと自慢しても不思議ではない。

近藤は偽物《にせもの》と知らなかったらしく、買い求めた刀屋に礼を述べたそうである。

池田屋襲撃の功績で、近藤は守護職松平容保《かたもり》から会津《あいづ》自慢の刀鍛冶《かたなかじ》・三好長道《みよしながみち》の最上大業物を拝領《はいりょう》したという。

敬《けい》天《てん》愛《あい》人《じん》。

【西郷隆盛●1827〜1877】

西郷隆盛●薩摩の下級藩士の子。島津斉彬の側近として活躍。禁門の変、第1次幕長戦争を経て、薩長同盟を結び開国倒幕に尽力した。

明治維新の大功臣・西郷隆盛が好んで揮毫《きごう》した「敬天愛人」は、また座右《ざゆう》の銘《めい》でもあったという。

西郷は「遺訓《いくん》」の中でこう述べている。

「人は人を相手にせず、天を相手にするものなり。故《ゆえ》に天より見れば我も人も同一に愛すべきなり。よって己れを愛する道をもって人を愛するなり」と。

西郷の深く大きな思想性がうかがわれる言葉である。

西郷の人間性の魅力《みりょく》については、それこそ枚挙《まいきょ》にいとまがない。

西南《せいなん》の役《えき》で薩摩《さつま》軍に投じた中津藩《なかつはん》隊長の増田宗太郎の有名な言葉がある。

「一日先生（西郷）に接すれば一日の愛生じ、三日接すれば三日の愛生ず、今や去るに忍《しの》びない。先生と生死をともにせんと決す」

と増田は中津隊士に熱く語り、西郷らと共に城山に戦死を遂《と》げた。

増田にかぎらず、ひとたび西郷に接するや、だれもがその温かな〝包容力〟に魅了《みりょう》された。戊辰《ぼしん》戦争で降伏した出羽《でわ》庄内藩主の酒井忠篤《ただすみ》もそのひとりで、西郷の興した私学校へ藩士の子弟2名を入学させただけでなく、忠篤以下78名も一時、鹿児島へ留学している。

上野公園の銅像が象徴しているように、西郷の素《そ》朴《ぼく》な生活態度も好感がもたれた。昼食はいつも握《にぎ》り飯《めし》であり、馬車も乗らず徒歩で政庁へ出勤し、広大な屋敷には下僕ひとりのみ、贅沢な調度品などひとつもなかった。

新政府が欧米模倣《もほう》の近代化路線へ一直線に突き進む一方で、没落士族や旧慣習に生きる商人・職人の混迷や貧困がうずまいていた。

これが、やがて日本社会を根底から変質させ、日本人の間に分裂を生じさせると、西郷は憂《うれ》いていたという。

西南の役では西郷は何もしなかった。あの戊辰《ぼしん》戦争で見せた戦略眼はそこにはなかった。熊本城攻撃戦でも田原坂《たばるざか》の戦いでも、まったく指揮《しき》をとらなかった。近代化の押し寄せる中、西郷は侍《さむらい》の時代の終《しゅう》焉《えん》に立ち合い、その一命を捧《ささ》げたのである。

皇国《こうこく》の興廃《こうはい》
此《こ》の一戦に在《あ》り
各員一層
奮励《ふんれい》努力せよ。

【東郷平八郎●1847~1934】

東郷平八郎●薩摩藩士として、薩英戦争、戊辰戦争に従軍。イギリス留学後、日清戦争、日露戦争を戦い、名将として世界的に名高い。

日露《にちろ》戦争の命運を賭けた日本海海戦で、連合艦隊司令長官東郷平八郎《とうごうへいはちろう》が戦闘開始にあたり、旗艦三笠《きかんみかさ》に掲《かか》げたZ旗信号が「皇国の興廃此の一戦に在り…」である。

明治38年（1905年）5月27日、午後1時55分、日本海海戦の火蓋《ひぶた》が切られた。ロシアのバルチック艦隊は旗艦スワロフを先頭に2列縦陣《じゅうじん》を形成して北上。日本艦隊は南下して接近したが、このままでは両艦隊は行き違いの砲撃《ほうげき》戦しかできない。

ロシア艦隊にさしたる被害もなく、ウラジオストック港へ逃げ込まれると、大陸で戦っている陸軍への兵器・糧食の運搬《うんぱん》が困難となり、大窮地《きゅうち》に立たされることになる。

何としてもロシア艦隊を撃滅《げきめつ》しなければならない。そこで東郷は全艦隊に大回頭を命じた。いわゆる「敵前回頭」の断行である。

これは一時、敵の砲撃にさらされる危険があったが、敵は2列縦陣のため、艦同士が邪魔《じゃま》し合って有効な砲撃ができない。

やがて大回頭が終了。日本艦隊はいっせいに反撃に転じた。日夜猛訓練に励《はげ》んできた砲撃の命中度は高かった。たちまち旗艦スワロフ、オスラビア、ボロジノなど敵の主力艦を撃沈《げきちん》し、翌日までに残敵も水雷戦隊を繰り出してことごとく撃破。バルチック艦隊は全滅した。

日露開戦を前に、舞鶴鎮守府《まいづるちんじゅふ》長官の東郷を連合艦隊司令長官に抜擢《ばってき》したのは海軍大臣山本権兵衛《ごんべえ》であった。山本は日本海軍の育ての親ともいうべき人で、東郷と同じ薩摩人《さつまじん》である。この人事に異論もあったが、抜擢の理由がふるっていた。

「東郷は運が強い奴だから」だった。

山本は大戦争の主将は無神経なほど、ものに動じない闘将《とうしょう》でなければならず、その点、東郷の右に出る者はいないと確信していた。

日本海海戦は世界中を驚嘆させ、東郷はトラファルガー海戦のネルソン提督《ていとく》と並ぶ名将に称《たた》えられた。〝海軍〟の父と敬仰《けいげい》され、死後、〝神〟（東郷神社）として祀《まつ》られた。

朕《ちん》ハ時運《じうん》ノ趨《おもむ》ク所
堪《た》ヘ難《がた》キヲ堪ヘ
忍《しの》ヒ難キヲ忍ヒ
以《もっ》テ萬世《ばんせい》ノ為《ため》ニ
太平ヲ開カムト欲ス。

【昭和天皇●1901～1989】

昭和天皇●第124代天皇。大正天皇の第一皇子。名は裕仁。1946年に人間宣言を行う。近代以降の歴代天皇の中で最長寿（87歳）、最長在位。

昭和64年（1989年）1月7日、昭和天皇が崩御《ほうぎょ》され、日本国中は深い悲しみに包まれた。

戦中戦後を生きた多くの人々は、きっとあの日（昭和20年8月15日）の玉音《ぎょくおん》放送の言葉を思い起こしていたに違いない。

「朕ハ時運ノ趨ク所堪ヘ難キヲ堪ヘ……」

国民が初めて聞いた現人神《あらひとがみ》である天皇の声は、太平洋戦争敗戦を告げる「終戦詔書《しゅうせんしょうしょ》」であった。

しかし、この玉音放送にいたる裏側では、政府内で激しいドラマが進行していた。8月9日夜から、10日未明にかけて、〝ポツダム宣言〟の受諾《じゅだく》をめぐって御前《ごぜん》会議が開かれた。

〝国体護持《こくたいごじ》（天皇統治権《とうちけん》）〟の1条件の許諾《きょだく》を確認して受諾すべき、というのが東郷茂徳《とうごうしげのり》外相の意見だった。これに対し、阿南惟幾《あなみこれちか》陸相ら軍部は、国体護持のほかに自主的武装解除、占領地《せんりょうち》に東京は除外《じょがい》するなど4条件を認めなければ、徹底抗戦《てっていこうせん》を辞《じ》さないと強硬《きょうこう》に主張し、閣議《かくぎ》は平行線をたどった。

そこで、鈴木貫太郎《かんたろう》首相は天皇に異例の最終判断を求めた。実は、旧憲法下では、天皇は閣議の結果を裁可《さいか》するだけで、自ら意見を述べることはできなかった。鈴木はそれをあえて犯したのである。

天皇は東郷案に賛成したうえで、軍部を批判、終戦の決意を述べた。

14日の特別御前会議で、天皇は「自分はいかになろうとも、万民の命を助けたい。（中略）私としてなすべきことがあれば何でもいとわない。国民に呼び掛けることがよければ私はいつでもマイクの前に立つ。どうか陸海大臣は共に努力し、よく治まるようにして貰《もら》いたい」（『終戦秘史』）と述べ、ここに「終戦」が決定した。

陸軍にはクーデター計画があったが、阿南陸相が「御聖断《ごせいだん》ニ従ヒ行動ス」と反対して計画は潰《つい》えた。が、一部の抗戦派将校が暴走《ぼうそう》した。近衛《このえ》師団長《しだんちょう》を射殺し、連隊兵を宮城《きゅうじょう》に入れて玉音放送を捜索《そうさく》したが失敗、東部方面軍に鎮圧《ちんあつ》された。その深夜、阿南は「死以《もっ》テ大罪を謝《しゃ》シ奉《たてまつ》ル」の遺書を遺《のこ》し、割腹《かっぷく》自殺した。

こうして8月15日の朝を迎えたのである。

歴史の名言 こぼれ言葉

故郷へは錦を着て帰れ。

【斎藤実盛●?~1183】

斎藤実盛《さねもり》はもと源氏の武士であったが、このときは平氏方として、木曾《きそ》義仲《よしなか》軍を北陸に迎え討《う》つことになった。実盛は出《しゅつ》陣《じん》に先立ち、

「富士川合戦では面目《めんぼく》を失い、この度は討ち死にする覚悟《かくご》です。ついては私はもと越前国《えちぜんのくに》の者でしたので、諺《ことわざ》に〝故郷へは錦《にしき》を着て帰れ〟といいます。どうか、錦の直垂《ひたたれ》の着用をお許しください」

と申し出た話が『平家物語』にある。

実盛は篠原の合戦で手《て》塚太郎《づかのたろう》に討ち取られたが、赤地錦の直垂を着け、白髪を黒く染《そ》めて、老武者と侮《あなど》られぬように装《よそお》っていたという。

出典は『史記《しき》』の「富《ふう》貴《き》ニシテ故郷へ帰ラズンバ、繍《しゅう》ヲ衣《き》テ夜《よる》行クガ如《ごと》シ」（富貴になっても故郷に帰らなければ人に知られない）である。

かげをばふまで、つらをやはふまぬ。

【藤原道長●966~1027】

藤原氏全盛時代を謳歌《おうか》した道長《みちなが》は、強運の人であった。

道長には道隆《みちたか》、道兼《みちかね》、道綱《みちつな》という3人の兄がいたが、30歳のとき、麻疹《はしか》が流行して兄たちは次々に死んでしまった。

運も強いが、また道長は豪胆《ごうたん》でもあった。

若いころ、父の兼家《かねいえ》が従兄《いとこ》頼忠《よりただ》の子の公任《きんとう》が何事にも優《すぐ》れていたので、

「悔《くや》しいけれど、わが家の息子たちは、あの男の影さえ踏《ふ》めないだろうな」

と愚痴《ぐち》った。すると道長は、

「影どころかそのうちに面《つら》を踏みつけてやるわ」

といい放ったという。

ちなみに、公任は76歳の長寿《ちょうじゅ》を保ったが、官職は大納言《だいなごん》に止まった。

余は山吹の花などいらぬ。

【太田道灌●1432~86】

江戸城築城で有名な太田道灌《どうかん》の〝山吹《やまぶき》の伝説〟である。

若いころ、道灌が狩りに出かけたところ、にわか雨にあい、近くの農家に立ち寄って蓑《みの》の借用を頼んだ。すると、その家の少女が山吹のひと枝《えだ》を黙って捧《ささ》げた。道灌はその意味がわからずに腹を立てて帰館した。

後に家臣たちから、少女の行為は古歌によるもので、兼明親王《かねあきらしんのう》の、

ななへ八重《やえ》

花は咲けども山吹の

みのひとつだに
なきぞ悲しき

という歌から、花は咲いても「実《み》のない」山吹の哀れさにたとえて、家が貧しくて蓑の持ち合わせがないことを、奥ゆかしく答えたのだと聞かされる。

道灌はそれ以来、学問にも励《はげ》み、文武両道を兼《か》ねた名将といわれるようになった。

三成に過ぎたるものが二つあり、島の左近に佐和山の城。

【石田三成●1560~1600】

豊臣政権の五奉行《ぶぎょう》のひとり、石田三成《みつなり》が水口《みなくち》城2万石を与えられたとき、剛勇《ごうゆう》で世に聞こえた島左近《しまさこん》を召し抱えた。秀吉は、

「お前のような小録の者によく仕官したものだ」

と訝《いぶか》った。三成は、

「禄高《ろくだか》の半分の1万石で召し抱えました」

と平然と答えた。それを聞いた秀吉は、

「それでは主君と家臣が同じ禄高ではないか」

と驚き、三成の度量《どりょう》に感心したという。

三成は後に、佐和山《さわやま》城19万4000石を領し、島に加増しようとしたが、島は辞退《じたい》して、ずっと1万石のままだった。島は関ヶ原の合戦《かっせん》で、見事《みごと》な働きぶりを見せて討《う》ち死にした。

似た落首《らくしゅ》に、「家康に過ぎたるものが二つあり、唐《から》の兜《かぶと》に本多平八《ほんだへいはち》」がある。

信長の代、五年三年は持たるべく候。左候て後、高ころびに、あをのけに、ころばれ候ずると見え申し候。

【安国寺恵瓊●1539~1600】

信長が本能寺の変で横死《おうし》することを予言したとして有名な言葉である。

恵瓊《えけい》は、毛利《もうり》氏の使僧(外交係)として天正《てんしょう》元年(1573年)、足利義昭《あしかがよしあき》の処分をめぐって信長や秀吉と交渉《こうしょう》し、その際、信長や秀吉をつぶさに観察し、毛利氏へ報告した。

ちなみに、この言葉の後には「藤吉郎《とうきちろう》(秀吉)、さりとてはのものにて候」と続く。

なかなかの出来物《できぶつ》という意味だろう。恵瓊は秀吉の将来も看破《かんぱ》していたのだ。高松城水攻めで苦心していた秀吉とたった一夜で和睦《わぼく》し、毛利氏の不興《ふきょう》を買った。恵瓊が頭でっかちであったので、「鉢《はち》ひらきのようなる正慶(恵瓊の雅号《がごう》)小僧」とまで悪口をいわれた。

その後は秀吉の側近となり、伊予《いよ》2万3000石を与えられたが、関ヶ

原で西軍に加担《かたん》し、捕らわれて斬首《ざんしゅ》された。

日出づる処の天子、書を日没する処の天子に致す。恙無きや。

【聖徳太子●574〜622】

推古《すいこ》天皇15年（607年）、聖徳太子が小野妹子《おののいもこ》を第1回遣隋使《けんずいし》として派《は》遣《けん》した際、携《たずさ》えていった国書の一部。隋の煬帝《ようだい》はこの文面を非礼だと怒ったが、側近が「蕃夷《ばんい》の所《しょ》行《ぎょう》ゆえ」となだめたという。

太子にすれば「冠位《かんい》十二階」や「憲法十七条」を制定し、国家発展の意気に燃えての外交策であったに違いない。

「日出の処から日没の処へ」という表現も、天体の運行をそのまま述べたものだが、この言葉には隋と対等に交流しようとする、太子の気迫が感じられる。

この鼻毛が百万石を保っておる。

【前田利常●1593〜1658】

前田家3代藩主《はんしゅ》利常《としつね》が幕府の嫌疑《けんぎ》をかわすため、わざと鼻毛を伸ばしてバカを装ったという逸話《いつわ》。

利常は藩祖利家の4男であったが、2代藩主利長の嗣子《しし》となり、加賀100万石を継《つ》いだ。

徳川秀忠の女珠姫《むすめたまひめ》（天徳院）を正室に迎え、前田家は安泰《あんたい》に思えたが、さにあらず執拗《しつよう》な幕府の手が伸びた。

そこで、利常は文化で徳川に対抗しようと、全国から一流の職工・芸術家を金沢城下に招き、今日に伝える〝加賀百万石文化〟を築く一方、後に〝政治は加賀なり〟と称賛《しょうさん》された「改作法《かいさくほう》」（家臣の領地支配を廃して、藩《はん》で一《いっ》括統治《かつとうち》する）を手がけるなど、大変な名君であったという。

日本国第一の大天狗は更に他の者にあらざるか。

【源頼朝●1147〜99】

武家政権の樹立を目指す源頼朝《みなもとのよりとも》は、後白河法皇《ごしらかわほうおう》から木曾義仲《きそよしなか》追討の院宣《いんぜん》を得て、弟の義経《よしつね》・範頼《のりより》を派遣して義仲を討伐《とうばつ》し、さらに命を受けて平氏を滅ぼした。

だが、義経と頼朝が対立すると、法皇は義経に頼朝追討の院宣を与えた。

そこで頼朝は義経討伐に大軍を上洛《じょうらく》させて、法皇を威嚇《いかく》した。

すると今度は、法皇が全国に義経追討の院宣を下したのである。

その、あまりにも節操《せっそう》のない法皇の態度に怒った頼朝が、強く法皇を難詰《なんきつ》したのが、この言葉である。

結局、義経は頼って落ち延びた奥州平泉《おうしゅうひらいずみ》の地で追いつめられ、妻子共々自刃《じじん》して果てた。

第4章

それができれば苦労はしない
美学・哲学を表す名言

平安

生まれ生まれ生まれ生まれて生の始めに暗く、死に死に死に死んで死の終わりに冥《くら》し。

【空海●774～835】

空海●日本真言宗の開祖。留学僧として入唐し、仏教だけでなく儒教、道教、卜占、医学などの書物を持ち帰って日本に広めた。

「何度生まれ変わっても、生まれたときには無知の暗い闇《やみ》の中にいるし、何度死に臨《のぞ》んでも、やはり無知のまま死んでいく」という意味。

平安時代初期の名僧、弘法大師《こうぼうだいし》空海《くうかい》が晩年に著《あらわ》した真言密教《しんごんみっきょう》の教義書『秘蔵宝鑰《ひぞうほうやく》』序文の一節である。

空海は、讃岐国《さぬきのくに》の地方豪族《ごうぞく》の出身で、幼《おさな》いころより神童《しんどう》と呼ばれ、15歳にして京に出て、18歳で官僚《かんりょう》養成学校〝大学〟に入学した。地方豪族の子弟が、中央で立身出世を果たすチャンスをつかんだのである。親ばかりか、一族の期待を一身に担《にな》っていたことだろう。

ところが、この秀才は、大学を捨てて出家をすると、阿波《あわ》の大滝嶽《だいりゅうがたけ》、室戸崎《むろとみさき》、伊予《いよ》の石鎚山《いしづちやま》などで山《さん》岳《がく》修行を行った。

31歳のとき、遣唐使《けんとうし》の一員として入唐。青龍寺《せいりゅうじ》の恵果《けいか》より密教大法の伝授を受けて、インド密教からの正統な継承者《けいしょうしゃ》となり帰国。真言宗を開くと、高野山に金剛峯寺《こんごうぶじ》を創建、京に東寺《とうじ》を開いて真言密教の道場とした。天台宗の最澄《さいちょう》と並んで日本仏教の基を築いた巨人だ。

その一方で、満濃池《まんのういけ》（香川県）の修築、庶民教育機関の創設、日本初の辞典の編纂《へんさん》など、学問、社会事業の分野でも才能を発揮《はっき》したばかりか、「弘法も筆の誤《あやま》り」という諺《ことわざ》や、四国88か所巡り、全国各地の井戸・温泉発掘説話、いろは歌の作者など、多くの逸話《いつわ》によって広く庶民に親しまれている。

最初にあげた一文は、空海が57歳のときに著し、輪廻転生《りんねてんしょう》を繰《く》り返す衆生《しゅじょう》の現実を嘆《なげ》いたもの。それは同時に、空海自身が仏教を志《こころざ》したきっかけでもあった。天才と呼ばれ、万巻の書物を学びながら、人生の意味を見出《みいだ》せないでいた空海は、闇を照らす光《こう》明《みょう》を仏教の真理に見出し、それによって輪廻から脱することができると確信したのである。もちろん、『秘蔵宝鑰』にはその真理が書かれている。

しかし、本来否定されるべきこの一文を切り離して読むならば、〝生まれ〟〝死に〟のリフレインからは、前世《ぜんせ》も後世《ごせ》もない、現在の自分の生を精一杯生きろと訴える力強さを感じることができる。

平安

今の世の人は、必ず撃ち勝つを以《もっ》て君と為《な》す。

【平将門●?~940】

平将門●鎮守府将軍良将の子。父の遺領をめぐる一族の争いから内乱を起こすが、戦場で額を射抜かれて絶命。その首は七条河原に晒された。

「今の世の人は、勝った者を君主とする」という意味で、東国で反乱を起こした平将門《たいらのまさかど》が、諫言《かんげん》する弟将平《まさひら》に対して答えた言葉だ。日本で初めての戦記文学で、将門の乱の根本史料とされる『将門記《しょうもんき》』（著者、成立年とも不詳《ふしょう》）に記されている。

平将門は、桓武《かんむ》天皇の孫《まご》である高望王《たかもちおう》の孫《まご》。平安時代、治安の乱れた関東地方を押さえるために、天皇家の血筋《ちすじ》を引く高望王が下総国《しもうさのくに》（今の千葉県北部）に派遣《はけん》され、その子孫《しそん》が現地で地方豪族化《ごうぞくか》した。京での出仕を望んだが果たせず、父の後を継《つ》いで下総国豊田郡を本拠とした。

叔父《おじ》の平良兼《よしかね》、国香《くにか》、良正や源護《みなもとのまもる》など近隣《きんりん》の豪族《ごうぞく》とたびたび争いを繰《く》り返し、都にもその名を知られるようになった。中央では相手にされなくても、田舎《いなか》の土豪たちからは貴《とうと》い血筋で、しかも腕っぷしも強い皇子《みこ》として持ち上げられたのであろう。そのうち、将門を頼ってくるものが多くなった。

調子に乗った将門は、天慶《てんぎょう》2年（939年）には、ついに常陸《ひたち》（茨城県）の国衙《こくが》（諸国の政庁）を襲ってしまう。国衙を襲うということは、すなわち国家に対する反逆、朝廷への謀反《むほん》である。勢いのままに下野《しもつけ》（栃木県）、上野《こうずけ》（群馬県）両国の国衙も襲うと、「新皇」と称して関東8か国の〝独立〟を宣言してしまう。これが天慶《てんぎょう》の乱である。

人間だれしも上り調子のときには、自信過剰《じしんかじょう》になるものだ。「国民の支持率が一番高いのは自分だ」と豪語して就任《しゅうにん》しながら、わずか一年で頼みの国民から見放され、その座を投げ出した首相もいたが、天慶の乱を起こし、関東を制圧した将門もまたその例に漏《も》れない。右の言葉は、簡単にいえば「勝てば官《かん》軍《ぐん》」ということ。そこには、自分も天皇の血筋だというエリート意識も見え隠《かく》れする。

こう豪語したわりに、将門の最期はあっけないものだった。わずか2か月後、藤原秀郷《ふじわらのひでさと》、平貞盛《さだもり》連合軍に敗《やぶ》れた将門は、額《ひたい》を射抜《いぬ》かれて命を絶った。

しかし、この言葉は皮肉なことに、力こそ正義である、という武家社会の到来を予言するものになったのである。

平安

山川の末に流るる橡殻《とちがら》も身を捨ててこそ浮かむ瀬もあれ

【空也●903～972】

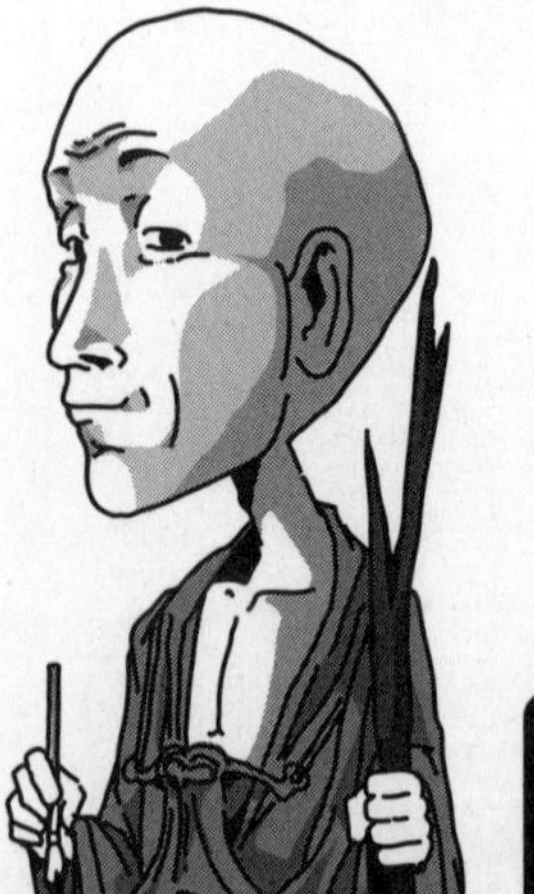

空也●平安中期の浄土教の僧。一遍にも多大な影響を与えたという。踊念仏の開祖ともいわれる。東山西光寺で70歳で死去。

「山間の川を流れてきた橡《とち》の実は、自分から川に身を投げたからこそやがては浮かび上がり、こうして広い下流に到達することができたのだ」という和歌。

その意味するところは、川を流れてくる橡の実のように、自分の欲望を捨ててこそ仏教の悟《さと》りを得ることができるというもの。『空也上人絵詞伝《くうやしょうにんえことばでん》』に空也作として伝えられている。現在では、上《かみ》の句は忘れられ、窮地《きゅうち》に陥《おちい》ったときに、自分を守ろうとせずに捨て身で勝負をすれば道も開ける、という世俗的な箴言《しんげん》（戒《いまし》めとなる言葉）として使われている。

空也は、平安時代中期の僧侶で、市中を遊行《ゆぎょう》して南無阿弥陀仏《なむあみだぶつ》という称名念仏《しょうみょうねんぶつ》を広めたことから阿弥陀聖《ひじり》、市聖ともいわれている。生年は没年齢から逆算しているのみで、出身地や両親は不明である。醍《だい》醐《ご》天皇の落胤《らくいん》という説は広く伝わっているが、確認はできない。

少年時代より日本全国各地を遍歴《へんれき》しながら修行を続け、二十余歳で出家、空也と名乗る。将門《まさかど》が乱を起こし、世相慌《せそうあわただ》しい天慶《てんぎょう》年間の京へ戻り、念仏を広めた。空也の周りには救済《きゅうさい》を求める人々が集まり、踊《おど》りながら念仏を唱《とな》えた。空也を支持したのは庶民ばかりでなく、貴族もまた、民衆に阿弥陀信仰を広める空也のもとに集まった。

『空也上人絵詞伝』は、遥《はる》か後代の江戸時代に作られたものだが、南北朝時代に鴨長明《かものちょうめい》の著《あらわ》した『発心集《ほっしんしゅう》』には、晩年に三井寺《みいでら》の千願が「来世《らいせ》安心のためにはどうしたらいいでしょう」と尋ねたところ、空也は「どうなりとも、身を捨ててこそ」とのみ答えたとある。

冒頭《ぼうとう》の和歌の作者が空也であるかどうかはともかく、〝身を捨てる〟ことが空也の思想の核心であったことは間違いない。

後にこの下《しも》の句は、剣の極意《ごくい》として〝切り結ぶ太《た》刀《ち》の下こそ地獄なれ　身を捨ててこそ浮かぶ瀬もあれ〟と、荒木又右衛門《あらきまたえもん》に仮託《かたく》されている。

時に自己犠牲《ぎせい》を強要する言葉ともなるが、身を捨てるとは命を捨てることではなく、自分に執着《しゅうじゃく》する心を捨てるということ。くれぐれもご注意を。

鎌倉

善人なをもて往生《おうじょう》をとぐ。いはんや悪人をや。

【親鸞●1173～1262】

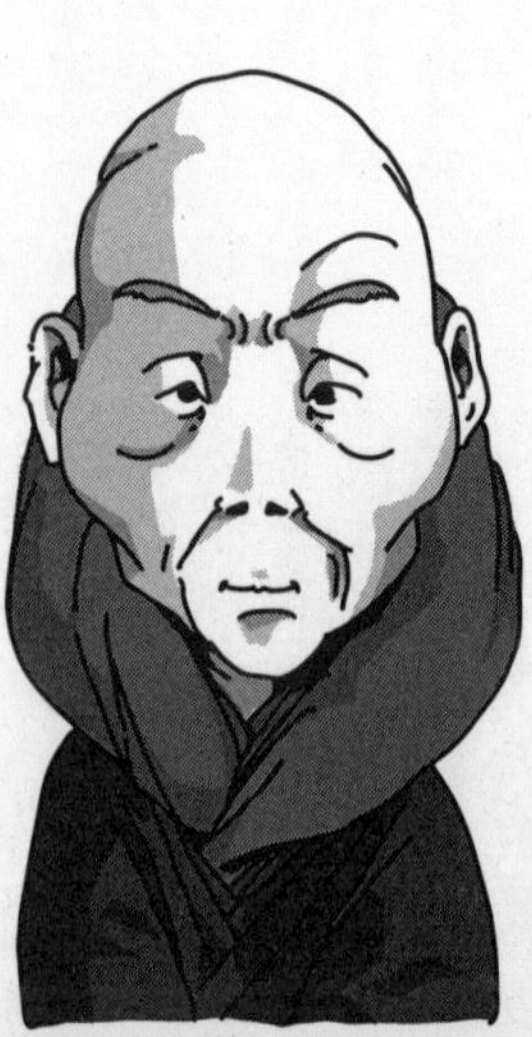

親鸞●浄土真宗の開祖。青蓮院の慈円について出家し、延暦寺の堂僧を経て法然の弟子となり、専修念仏に帰依した。

「善人はいわずとも極楽に往生《おうじょう》できる。それは悪人ですら同様である」

浄土真宗《じょうどしんしゅう》の開祖親鸞《しんらん》の言葉として、もっともよく知られているこの言葉は、親鸞の死後、弟子の唯円《ゆいえん》がその言行をまとめた『歎異抄《たんにしょう》』にある。これを悪《あく》人正機《にんしょうき》説という。常識的には、悪人でも極楽《ごくらく》へ行けるのなら、善人が行けないはずはないといいたいところだ。問題なのは、善人とはだれで、悪人とはだれのことなのか、ということだ。

親鸞は有力貴族の子として生まれ、比叡山《ひえいざん》で修行をした後、法然《ほうねん》の弟子となり、専修念仏《せんしゅうねんぶつ》の道へ入る。しかし建永《けんえい》2年（1207年）、危険思想として弾圧《だんあつ》され、親鸞も越後《えちご》へ流罪《るざい》となった。ここで東国の農村の厳《きび》しい現実を目《ま》の当たりにした親鸞は、自力によって往生するという思想を捨てる。東国を中心に布教活動をした後、京に戻り、思索《しさく》を深めていった。

善人とは、善行により功徳《くどく》を積むことができる人間のこと。つまり、修行をしたり、財産を喜捨《きしゃ》したり、毎日何度も念仏を唱《とな》えたりする者のことだ。

一方、悪人とは、日々の生活に追われ、善行を積む時間的な余裕《よゆう》も金銭的《きんせんてき》な余裕もない人たちのこと。生きるために鳥や魚を食し、殺生戒《せっしょうかい》を破らざるを得ない人たち。東国の農村で出会った人々であり、その他大勢のわれら凡夫《ぼんぷ》のことである。

〝悪人〟は、自力で往生することはできない。しかし、阿弥陀如来《あみだにょらい》は、すべての人を救わない限り、自《みずか》らも救われないという誓《ちか》いを立てたのではなかったか。この阿弥陀如来の本願は、最初から功徳を積むことのできない悪人に向いているのである。それゆえ、ただ阿弥陀如来に帰依《きえ》し、〝南無阿弥陀仏〟と唱えるだけで救われることができるのである。

そして〝善人〟の往生も、自分の力ではなくこの本願によるものなのだ。自分の〝悪〟に気づかずに、善人だと思っている人でさえも極楽へ行ける。自分の弱さを自覚している悪人が、極楽に行けないわけがないではないか。

これまでの常識を転倒させた言葉の裏には、慈愛《じあい》に満ちた人間洞察《どうさつ》があったのだ。

禍《わざわい》は口より出でて身を破る、福は心より出でて我をかざる。

【日蓮●1222～1282】

日蓮●日蓮宗の開祖。安房小湊に漁師の子として生まれたが、各地で修行後、小湊の清澄寺で開教。激しい他宗教攻撃でも知られる。

「他人を憎んだり、嫉妬《しっと》をする言葉は、やがて悪業を積んで身を滅ぼす禍《わざわい》の種《たね》となり、反対に、他人を思いやる優《やさ》しい心や慈悲《じひ》の心は、善根《ぜんこん》を積んで幸いをもたらす」という意味である。

日蓮《にちれん》が在家《ざいけ》の信者である、富士郡重須《おもす》（現在の静岡県富士宮市）の地頭・石河新兵衛《いしかわしんべえ》の夫人に宛《あ》てた、年頭に届けられた蒸《む》し餅《もち》や果物《くだもの》へのお礼から始まる「十字御書《むしもちごしょ》」と呼ばれている書状の一節である。

日蓮は鎌倉時代中期の僧。安房国小湊《あわのくにこみなと》に漁師の子として生まれる。16歳のとき小湊の清澄寺《せいちょうじ》で出家、比叡山《ひえいざん》で学んだ後、法華経《ほけきょう》こそが最高の経典であるとして、〝南無妙法蓮華経《なむみょうほうれんげきょう》〟と題目を唱えることを主張。法然《ほうねん》の浄土《じょうど》教を激《はげ》しく非難《ひなん》したため、小湊を追われて鎌倉で布教活動を開始した。

鎌倉での日蓮は、さらに激しく他宗派への非難を続ける。執権北条時頼《しっけんほうじょうときより》に「立正安国論《りっしょうあんこくろん》」を送りつけ、このまま邪法《じゃほう》を放置すれば、内乱と外国からの侵略《しんりゃく》が起こると警告《けいこく》した。

元寇《げんこう》は、彼の予言の正しさの証明と思われたが、幕政への口出しに怒った幕府は、日蓮を佐渡へと流《る》罪《ざい》に処した。日蓮は迫害《はくがい》されれば迫害されるほど、自己の信仰の正しさを確信するようになった。

「十字御書」は、赦《ゆる》されて佐渡から帰った日蓮が、再び鎌倉を離れて身延山《みのぶさん》に居《きょ》を構えていた、弘安《こうあん》4年（1281年）正月のものと推定されている。

また、十字と書いて〝むしもち〟と読むのは、餅を蒸す際に、十字の切り込みを入れたことによるものといわれる。当時の蒸し餅というのは、小麦で作った饅頭《まんじゅう》で、今でいう蒸しパンのようなもの。

日蓮はこの手紙の中で、地獄や仏はどこにあるかという問いに対して、たとえば蓮《はす》の種の中に花も実も備わっているように、「我等《われら》が五尺《しゃく》の身の内に候《そうろう》」と答えている。

泥《どろ》の中から美しい蓮の花が咲き、大地から香ばしい栴檀《せんだん》が生まれ、ごく普通の女から絶世の美女楊貴《ようき》妃《ひ》が生まれたように、禍を呼び込むのも幸福を呼び込むのも、われわれ自身の心が生み出す言葉や行動によるものだ、といっている。

秘すれば花なり
秘せずは
花なるべからず。

【世阿弥●1363〜1443】

世阿弥●本名は観世三郎元清。父観阿弥とともに能を大成させた。72歳で足利義教の不興を買い、佐渡へ流刑。不遇の晩年を送った。

室町時代の能楽《のうがく》者・世阿弥《ぜあみ》が、最初に著《あらわ》した能の理論書『風姿花伝《ふうしかでん》』の一文。

『風姿花伝』というと、いかにも深遠な哲学が述べられているように思われるが、その内容はきわめて実用的なもの。能役者がどうしたら上達するか、どうしたら人気を得ることができるか、その人気をどのように保ったらいいかを、具体的に述べている。

たとえば、子供のときには、それだけで可愛《かわい》いから何をしても魅力《みりょく》的に見えて人気が出る。しかし、それは「一時の花」にすぎない。やがて声変わりをするようになると、体つきも不恰好《ぶかっこう》になり、人気もなくなる……などなど、今の子役たちを見ていても、そのまま当てはまるようなことが書かれている。

ほかにも、客がざわついているときにはどうしたらいいか、昼の公演と夜の公演ではどう違うか、目の肥《こ》えた観客ばかりに受けようとせず、初心者にもわかりやすい表現を忘れてはならないなど、さまざまな場面での注意が事細《ことこま》かに述べられている。『風姿花伝』は、あくまでも、後継者《こうけいしゃ》育成のための秘伝書なのだ。

その中で世阿弥は、芸の魅力のことを「花」と表現している。冒頭《ぼうとう》の文は、どう演じるかわからないという新鮮《しんせん》な驚きが芸の魅力なのであって、最初からわかっていたのでは魅力はない、という意味なのだ。「花と面白《おもしろ》きと珍《めずら》しきと、これ三つは同じ心なり」（花と面白さ、珍しさは同じこと）、「花とて別になきものなり。物数を尽くして工夫《くふう》を得て珍しき感を心得《こころえ》るのが花なり」（花といっても特別なものではない、多くのレパートリーを揃《そろ》えて、観客に常に新鮮な驚きを与えることだ）ともいっている。お笑いのネタを考えれば、ピンと来るではないか。

この書を著したのは、世阿弥が40歳のころ。父観《かん》阿弥《あみ》はすでに亡《な》くなっていたが、12歳のときから彼を庇護《ひご》している足利義満《あしかがよしみつ》はいまだ健在で、能楽を大成させたという自信に満ちている。

しかし51ページでも触れたが、義満が死ぬと将軍家の寵愛《ちょうあい》は甥《おい》の音阿弥《おんあみ》へと移り、72歳にして佐渡へ流されるなど、不遇《ふぐう》な晩年を過ごすことになった。

我《われ》事《こと》におゐ《い》て後悔をせず。

【宮本武蔵●1584～1645】

宮本武蔵●実像は不明だが、13～29歳に60余の他流試合を行い、一度も負けなかったという。佐々木小次郎との巌流島の戦いが有名。

二刀流《にとうりゅう》で知られる江戸初期の剣豪《けんごう》。生涯《しょうがい》六十余回戦って敗《やぶ》れたことなしといわれ、ことに、吉岡道場との決闘《けっとう》、巌流島《がんりゅうじま》での佐々木小次郎との決闘はあまりにも有名。しかも武蔵は単なる剣豪ではなく、『五《ご》輪書《りんのしょ》』という優《すぐ》れた兵法書を著《あらわ》したのをはじめ、連《れん》歌《が》や彫刻《ちょうこく》、書画など今に伝わる作品も少なくない。

冒頭《ぼうとう》の一文は、『五輪書』を書き終えた武蔵が、死の直前に書き残した絶筆《ぜっぴつ》『独行道《どっこうどう》』の一節である。『独行道』は、わずか二十一箇条の短いもので、高弟の寺尾松之丞《てらおまつのじょう》に宛《あ》てて書かれた処世訓《しょせいくん》である。

その内容は、各条とも短い簡潔《かんけつ》な文章で、武蔵が自分の短所を克服《こくふく》するために、自戒《じかい》を込めて書かれたものといわれている。

一、世々《せぜ》の道をそむく事なし
一、身にたのしみをたくまず
一、よろずに依怙《えこ》の心なし
一、身をあさく思《おもい》世をふかく思ふ
一、一生の間よくしん思はず
一、我事におゐて後悔をせず

深遠な『五輪書』を著した後にしては、もしこれが宮本武蔵でなければ、だれもありがたがらないような、当たり前の内容が並んでいる。自宅は望まない、美食はしない、古道具は持たない、特別贅沢《ぜいたく》な武具を持たない、財宝も所領もいらない、と。これが、60歳をすぎた天下の剣豪の書くことか、と感じられる内容も少なくない。

冒頭の一句も、だれしも感じることではある。しかし、あり余《あま》る剣の才能と兵法の知識をもちながら、57歳で熊本藩に客分として招かれるまで、ついに仕官はかなわず、全国を遍歴《へんれき》する生活を続けてきた武蔵にすれば、後悔などしていては、気力が失せてしまうというところだったかもしれない。

一方で、「道におゐては死をいとはず思ふ」、「仏神は貴《とうと》し仏神をたのまず」と、『五輪書』に通じる内容もある。

猛々《たけだけ》しいイメージの武蔵とはかけ離れた、日常の言葉が連なる、天下泰平《たいへい》の時代の武士がいかに生きるべきかを示した処世訓だ。

江戸

武士道と云《い》うは、死ぬ事と見付たり。

【山本常朝●1659〜1719】

山本常朝●佐賀藩士山本神右衛門重澄の次男として生まれる。鍋島光茂に仕え、42歳で出家し、武士道の精神を説いた『葉隠』を口述。

『葉隠《はがくれ》』の冒頭《ぼうとう》の有名な一文。

その意味するところは、主君のために生か死か選《せん》択《たく》しなければならないときには、死を選択せよということだ。生きたいと思う心があると失敗をすることになる。しかし、すでに自分の命を捨てていれば、失敗を恐れることはなくなる。くどくどとした解説を拒否する見事《みごと》なキャッチコピーだ。

『葉隠』という本のタイトルはよく知られているが、その著者《ちょしゃ》・山本常朝《つねとも》の名前を知っている人はほとんどいない。常朝は、佐賀藩士《はんし》山本神右衛門《じんえもん》の末子《ばっし》、なんと父神右衛門70歳のときの子である。

すでに泰平《たいへい》の世になりつつあった時代にあって、常朝は戦国時代を生きてきた神右衛門に、「大剛の者になって、殿のお役に立たねばならんぞ」「書物を見るのは公家《くげ》の役、我が一門は樫《かし》の木太刀《こだち》を握《にぎ》って武道に励《はげ》むのが任務」と、生まれたときから耳にタコができるほどいわれ続けたのである。

しかし、常朝はヒョロヒョロとして、とても20歳までは生きられまいと医者にいわれるような子供であった。おまけに彼が小姓《こしょう》として仕《つか》えた藩主鍋島光茂《なべしまみつしげ》が歌道に打ち込んでいたため、常朝も藩主のもとで文才を発揮《はっき》するようになる。

藩主のために尽くせば尽くすほど、亡《な》き父親の教えからはどんどん遠ざかっていった。そして光茂が死ぬと常朝は出家。そこで、田代陣基《つらもと》を相手に語った言葉を書き留《と》めたものが、『葉隠』という本なのだ。『葉隠』は、武士道についてのまとまった書物ではなく、時代遅れの父親の影響を受けながら、文才によって藩主に仕えた、常朝の屈折《くっせつ》した思いが生んだエッセイである。

冒頭の「武士道とは…」以外にも、「恋の至極《しごく》は忍《しの》ぶ恋」という名言がある。相手に気づかれず、恋《こい》焦《こ》がれて思い死にするのが理想の恋だというのである。しかも、ここでいう恋とは男女の恋愛ではない。男性と男性の同性愛なのだ。

常朝の理想とした武士は、江戸時代の儒教《じゅきょう》的な武士ではない。すでに絶滅《ぜつめつ》していた、死と隣《とな》り合わせで戦っていた戦国の武士だったのだ。

江戸

天が私にあと十年の時を、いや五年の命を与えてくれるなら、本当の絵描きになってみせるものを。

【葛飾北斎●1760〜1849】

葛飾北斎●江戸時代を代表する浮世絵師のひとり。3万点にのぼる版画や肉筆画を残す。代表作は「冨嶽三十六景」「北斎漫画」など。

「天が私にあと五年の命を与えてくれるなら、本当の絵描きになってみせるものを」

90歳となり、なお創作を続けていた江戸時代後期の浮世絵師《うきよえし》・葛飾北斎《かつしかほくさい》の死に臨《のぞ》んで、まだまだ自分の描《えが》きたい本当の絵が描けていない。もう少し時間をくれという思いが込められた言葉である。

北斎は、江戸本所割下水《ほんじょわりげすい》の生まれで、幕府御用鏡《ごようかがみ》師《し》中島伊勢《いせ》の養子。14～15歳のころ、木版彫刻《もくはんちょうこく》を学び、19歳で浮世絵師勝川春章《かつかわしゅんしょう》に入門。20歳で勝川春《しゅん》朗《ろう》の号でデビュー。役者絵、黄表紙、洒落《しゃれ》本などの挿絵《さしえ》を相次《あいつ》いで発表している。

しかし北斎はそこには安住せず、堤等琳《つつみとうりん》、司馬江《しばこう》漢《かん》、狩野融川《かのうゆうせん》など、狩野派、土佐《とさ》派から西洋画まで、多くの画家に師事して、さまざまな画法を貪欲《どんよく》に追究した。そのため、たびたび師たちと衝突《しょうとつ》している。

36歳で琳派《りんぱ》の俵屋宗理《たわらやそうり》を襲名《しゅうめい》。宗理と号して、浮世絵とは一線を画す摺物《すりもの》や狂歌絵本などを発表。46歳にして葛飾北斎と号し、読本挿絵の第一人者として活躍《かつやく》。『北斎漫画《まんが》』などの絵手本（デッサン集）も発表している。そして北斎の代表作ともいえる『冨《ふ》嶽《がく》三十六景』を発表したのは72歳のときで、号は〝為《い》一《いつ》〟である。75歳になると〝画狂老人卍《がきょうろうじんまんじ》〟の号を用いて、肉筆画《にくひつが》に多くの傑作《けっさく》を残した。

このように、ひと口に北斎といいながら、その画名は１２０種類以上もあり、そのたびに題材も画風もさまざまに変化している。

一方で、北斎の引っ越し好きは有名で、生涯《しょうがい》に93回の転居を繰《く》り返して、なかには1日に3回も引っ越したこともあるという。

彼の最後の住家は、浅草聖天町の遍照院境内《へんしょういんけいだい》の長屋。辞世の句は「人魂《ひとだま》で行く気散《きさん》じや夏野原」。

北斎の死後、借金だらけの彼のために門人友人が金を出し合って葬式《そうしき》を行ったとのことである。

漫画界の巨人手塚治虫《てづかおさむ》もまた、晩年のインタビューで、描きたいアイディアはまだいくらでもある。ただ描く時間がないんだといっていたが、尽きせぬ創作意欲と限られた寿命の間で、天才たちは時を超えて通じ合っている。

はやりにしたがふは、いやしきなり。

【佐久間象山●1811〜1864】

佐久間象山●幕末の武士、思想家、兵学者。慶喜に公武合体論や開国論を説き、西洋かぶれとして尊王攘夷派によって暗殺される。

「流行ばかり追っているのは下品である」

幕末期の思想家、佐久間象山《さくましょうざん》の遺稿《いこう》『女訓《じょくん》』の一文。『女訓』は、生前は公開されず、明治に入ってから門弟によって出版されたもので、武家の婦人に対して、いかに家庭を治めるべきかを説いている。その中の着物について述べている部分にある。「着物の仕立《したて》は念《ねん》入りにしなさい」「洗濯《せんたく》はきちんとしなさい」など、口うるさい文章の中にあるのが右の文。それに続けて、「殊《こと》にわざおぎ（俳優）、舞《まい》妓《こ》などの、しだしたらんをば、いかに人は持て囃《はや》すとも、おのれの身にはあるまじきことにおぼして、着たまふべからず」とある。

俳優や舞妓の着物を、いくら皆がカッコイイと褒《ほ》めていたとしても、その真似《まね》をしても似合《にあ》わないよ、といっているのだ。同じことを「髪の結《ゆ》い方、化粧《けしょう》の仕様、袖《そで》のなり、帯《おび》の結び目も世のはやりとて、いやしき体を真似ふべからず」とも書いている。

有名モデルが着ている最新の服を、スタイルが似ても似つかぬ女性たちが買い込んだり、美容院で「これと同じようにしてください」と美人女優の写真を示したり、今も昔も流行に踊《おど》らされるのは同じこと。象山先生ならずとも、ひとこと苦言を呈したくなるというものだ。しかも、流行《はや》りものが卑《いや》しいのは、何もファッションに限らない。

佐久間象山は、信濃松代藩《しなのまつしろはん》生まれ。天保《てんぽう》4年（1833年）、江戸に出て学び、天保10年には神田お玉が池に私塾《しじゅく》象山書院を開き、勝海舟《かつかいしゅう》、吉田松陰《しょういん》、橋本佐内《さない》ら俊英《しゅんえい》を数多く輩出《はいしゅつ》。松代藩主真田幸貫《さなだゆきつら》が幕府の海防掛老中《かいぼうがかりろうじゅう》に就任《しゅうにん》すると、象山は海外事情研究を命じられ、海軍の創設や軍備の近代化を唱えた『海防八策《さく》』を提出している。

それから10年余り経《た》ち、ペリーが来航。門弟吉田松陰の米国密航未遂《みすい》事件に連座して、松代に9年間蟄居《ちっきょ》の身となった。元治《げんじ》元年（1864年）、赦《ゆる》された象山は一橋慶喜《ひとつばしよしのぶ》の要請《ようせい》で京都に上る。攘夷《じょうい》を唱える朝廷を開国派に転じさせようと説得するためだったが、その年、尊王《そんのう》攘夷派の浪士によって暗殺された。早すぎた思想家ゆえの死であった。

明治

自由は取る可《べ》き物なり、貰《もら》ふ可き品に非《あら》ず。

【中江兆民●1847~1901】

中江兆民●思想家、ジャーナリスト、政治家。東洋のルソーと呼ばれた、自由民権運動の理論的指導者で、多くの著作も残している。

雑誌「自由平等経綸《けいりん》」の第3号に発表した論説の一節。中江兆民《なかえちょうみん》の中心的思想である。しかし、この文に続けて「自由は飲啗《のみくい》するは易《やす》し、自由を消化するは難《かた》し、…自由程不消化物は有らず」とある。

明治23年（1890年）、第1回の総選挙で自由民権派が多数を獲得《かくとく》していながら、中江兆民が所属していた立憲《りっけん》自由党の一部が、予算案の採決において、政府の切り崩《くず》しにあって妥協《だきょう》してしまう。それに憤《いきどお》った兆民は、衆議院議員を辞職。自《みずか》らの信念を発表するために創刊した雑誌が、この「自由平等経綸」である。

自由、自由と口にすることは簡単だが、自分のものにするのはむずかしいもんだ。自由民権を旗印に選挙を戦っていながら、そのことがわかっていない議員が多い、と、やや自嘲気味《じちょうぎみ》の発言である。

中江兆民は明治期の思想家。弘化《こうか》4年（1847年）、土佐藩《とさはん》の下級武士の子として生まれる。長崎、江戸でフランス語を学ぶ。

明治4年（1871年）、岩倉遣欧使節《いわくらけんおうしせつ》とともに渡欧してパリに留学。帰国後は、ルソーの『社会契約《けいやく》論』を『民約論』として翻訳《ほんやく》、天賦人権論《てんぶじんけんろん》による人民主権論を紹介して、〝東洋のルソー〟と呼ばれる。

明治14年（1881年）に、西園寺公望《さいおんじきんもち》とともに『東洋自由新聞』を創刊。主筆として社説のほとんどを執筆《しっぴつ》、言論人としてスタートを切る。

明治20年（1887年）には、代表作となる『三《さん》酔人経綸問答《すいじんけいりんもんどう》』を発表。そこでも、下から進んで獲得する「回復的民権」と、統治《とうち》者から与えられる「恩《おん》賜《ちょう》的民権」の違いが語られている。「回復的民権」とは、本来人民のものであるはずの民権（人権）が、国王などに奪《うば》われているのだから、それを回復するのが本当の民権だという。

衆議院議員を辞任した後の兆民は、日本各地で鉄道、石油採掘《さいくつ》、興行《こうぎょう》など投機的な事業に挑戦したが、ことごとく失敗。

明治34年（1901年）に食道ガンで死亡する。遺言《ゆいごん》に従い、青山斎場《さいじょう》で無宗教の葬儀《そうぎ》が執《と》り行われた。これが日本で最初の告別式である。

書を読まば最上の書を、師を択《えら》ばば第一流の人を。

【落合直文●1861～1903】

落合直文●国文学者、歌人。國學院や、外語大、跡見学園大など多くの大学で教鞭をとり、文法書や事典の編集などに功績を残した。

歌人の与謝野鉄幹《よさのてっかん》が、落合直文《おちあいなおぶみ》に弟子入りをして間もなく、鉄幹の才能を見抜いた直文は、「私はあなたの師にはなり得ない、これからは同輩《どうはい》として一緒に勉学に励《はげ》んでいこうではないか」といった。では、だれに教えを請《こ》うたらいいでしょうかと、鉄幹が尋ねると、直文は森鷗外《もりおうがい》を紹介して右のように語ったという。

落合直文は気仙沼《けせんぬま》出身。仙台藩家老《かろう》鮎貝盛房《あゆかいもりふさ》の次男で国学者落合直亮の養子。国文学者、歌人。

明治21年（1888年）、皇典講究所（現國學院《こくがくいん》大学）創立とともに講師となり、以後第一高等中学校、早稲田《わせだ》大学、跡見《あとみ》学園など多くの学校で教鞭《きょうべん》をとった。

また、翌22年には国語教育者要請《ようせい》のための国語伝習所創立に参加。『新撰歌典《しんせんかてん》』『日本大文典』『大鏡詳解』『ことばの泉』などの文法書や事典の編集刊行。国語国文学の第一人者として知られた。

一方で、森鷗外と「新声社」を結成、89年には新体詩史の上で画期的《かっきてき》な位置をしめる訳詩集『於母影《おもかげ》』を発表。明治36年には「あさ香社」を結成し、上流階級や学舎の遊戯《ゆうぎ》として形式化して新鮮味《しんせんみ》が失われつつあった短歌革新を主張して、新体詩を含めた韻《いん》文《ぶん》改良運動を展開、自《みずか》らも歌を詠《よ》み、与謝野鉄幹など若い歌人を育てた。

それと同時に、楠木正成《くすのきまさしげ》親子を題材にした「桜井の訣別《わかれ》」、西南戦争を題材とした「孝女白菊《こうじょしらぎく》の歌」など歴史に題材を取った唱歌を作詩し、広く親しまれている。

国文学者として、歌人、詩人として、そして何より教育者として八面六臂《はちめんろっぴ》の活躍《かつやく》をする当代第一流の人物だったことは間違いない。逆にいえば、一流の歌人だから鉄幹の実力がわかり、一流の教育者だからこそいえる言葉だろう。

ところで、落合直文は長く東京で暮らしながら、終生東北訛《なま》りが相当ひどかったらしい。「いくら学識が豊かでもあんなにひどいズーズー弁では生活にさしつかえるだろう」と、秋田出身の弟子に心配されるほどであったという。

昭和

孤独は山になく、街にある。一人の人間にあるのではなく、大勢の人間の「間」にあるのである。

【三木清●1897~1945】

三木清●兵庫県出身の哲学者。ドイツ留学を経て、日本で教鞭をとっていたが、政治思想犯として投獄され、終戦直後獄中死した。

　昭和初期の哲学者、三《み》木《き》清《きよし》の『人生論ノート』の「孤独について」の中にある言葉。

　孤独というのは、たったひとりでいるということではない。仙人がたったひとりで山にこもっていても、彼は自分のことを孤独と感じることはないだろう。孤独とは、多くの人が住んでいる都会にこそある。周りにはたくさんの人間が歩いている。でも、だれも自分のことを知らない。だれも自分と話をしない。大勢の人間がいながら、人と人の「間」の空間がぽっかり空《あ》いている。それが孤独だ――。

　三木はマルティン・ハイデッガーの現象学を援用しながら、どこかに「孤独」というものがあるのではなく、孤独という状態があるのだといっている。

　三木は兵庫県生まれ。京都大学卒。大正11年（1922年）にドイツ留学し、マルクス主義とハイデッガーの現象学の影響を受けて帰国する。帰国後法政大学の教授となり、ヒューマニズム的なマルクス主義者として、新進の哲学者として、同時に社会評論家としても売り出した。

　昭和5年（1930年）、共産党のシンパとして治《ち》安《あん》維《い》持《じ》法《ほう》違反で検挙《けんきょ》されると、関心はマルクス主義から離れ、実存主義や西田哲学へと傾《かたむ》いていった。

　『人生論ノート』は、昭和13年（1938年）6月から雑誌「文学界」に連載《れんさい》された哲学的エッセイを、昭和16年に単行本化したもの。「死について」「幸福について」「懐疑《かいぎ》について」など、23編が収録されている。三木の著作の中では、わかりやすい言葉で彼自身の思いがストレートに伝わってくる内容で、彼の死後も広く読まれた。

　しかし、第2次大戦中の昭和19年（1944年）、共産主義者を自宅に匿《かくま》ったことから、三木は再び治安維持法違反容疑で検挙された。終戦後の昭和20年9月26日、疥癬《かいせん》と栄養失調のため、独房でベッドから床《ゆか》に落ちたまま、獄死《ごくし》した。まだ48歳だった。

　戦争が終わったことも知らず、友人にも知らされないままの孤独な死だった。検挙されていたことすら知らされていなかった占領軍《せんりょうぐん》は、三木の死に驚き、これが治安維持法廃止《はいし》のきっかけとなった。

生きて虜囚《りょしゅう》の辱《はずかし》めを受けず。

【東条英機●1884〜1948】

東条英機●陸軍大学卒業。陸相のまま第40代総理大臣、内相を兼ねた。第２次世界大戦の開戦を決定。終戦後、絞首刑に処せられた。

第2次大戦の沖縄戦で、日本軍が住民の自決を強要したかどうか、高校日本史の教科書での表現が大きな問題となった。

実際に軍の命令があったかどうかはともかく、〝生きて虜囚の辱めを受けず〟という「戦陣訓《せんじんくん》」の一節が、軍人だけではなく非戦闘員《ひせんとういん》も巻き込んで、アメリカ軍の捕虜《ほりょ》になるぐらいなら、死んでしまったほうがましだ、と思い込ませていたのは確かだ。

「戦陣訓」は、昭和16年（1941年）1月、膠着《こうちゃく》していた中国戦線の兵士の士気を高め、軍紀を立て直すために、教育総監部《そうかんぶ》で作り、時の陸軍大臣・東《とう》条英機《じょうひでき》が発表した文書で、この一節は本訓其《そ》の二第八「名を惜《お》しむ」にある。

全文は「恥《はじ》を知る者は強し。常に郷党家門《きょうとうかもん》の面目《めんぼく》を思ひ、愈々奮励《いよいよふんれい》してその期待に答ふべし、生きて虜囚の辱めを受けず、死して罪過《ざいか》の汚名《おめい》を残すこと勿《なか》れ」で、簡単にいえば〝いつも郷里に残した家族の期待に応《こた》えるように考えて、捕虜になるような恥《は》ずかしいことのないように〟ということだ。

もっとも、「戦陣訓」がなくとも、日本は捕虜の取り扱いに関するジュネーヴ条約を批准《ひじゅん》しておらず、自分が捕虜になったらどうしたらいいか、という考え方は存在しなかった。それゆえ、捕虜になると意気消沈《しょうちん》してしまい、かえって軍事機密まで簡単にしゃべってしまった、ともいわれている。

「戦陣訓」を発表した東条は、岩手県出身。陸軍大学卒。父親も陸軍中将というエリート軍人一家で、陸軍では能吏として知られ、「カミソリ東条」と呼ばれた。

近衛《このえ》内閣《ないかく》の陸相となり、陸軍の意向を代表して、中国からの撤兵《てっぺい》に反対。近衛を窮地《きゅうち》に追い込み、内閣を倒すと、後継総理に就任《しゅうにん》。陸相と内相も兼《か》ね、日米開戦時を指揮《しき》した。その後、サイパン島陥落《かんらく》の責任をとって辞職。

戦後は、占領軍の逮捕《たいほ》を恐れて、ピストル自殺を図《はか》ったが失敗。東京裁判で有罪となり、昭和23年（1948年）12月23日に絞首刑《こうしゅけい》となった。自ら「戦陣訓」の範《はん》を垂《た》れることはなかった。

人間欲のない人間になったらおしまいです。

【藤原銀次郎●1869~1960】

藤原銀次郎●戦前の三井財閥を支えた人物。王子製紙社長も務めた。その後、貴族院議員となり、商工、国務、軍需大臣を歴任した。

元王子製紙《おうじせいし》社長の藤原銀次郎《ぎんじろう》の言葉。

この言葉には後段がある。「欲の出しすぎはよろしくないが、欲のなさすぎも困《こま》りものです。欲がないのは大変きれいに聞こえますが、その実、骨を折ることが嫌《きら》い、精を出すことが嫌いで、つまり、人間がナマケモノの証拠《しょうこ》です」

これは、何も経済だけに当てはまるわけではない。スポーツだって、もっと速く走りたい、もっとホームランを打ちたい、もっと上手《じょうず》になりたい、簡単にいえば「負けたくない」という欲望があるからこそ、努力をするというもの。もっと知りたいという知識欲がなかったら、科学者になることはできない。すべて人間の生活を向上させるのも、この「欲」。欲がなければ、発展はない。

藤原は、長野県生まれ。慶応《けいおう》大卒。明治23年(1890年)、松江日報に入社、主筆《しゅひつ》として活躍《かつやく》し、その後、請《こ》われて三井銀行に入る。以後、富岡製糸所、王子製紙、三井物産を経《へ》て、経営状態が悪かった王子製紙の専務となり、これを再建する。合併《がっぺい》により経営規模《きぼ》を拡大して、製紙王とまで呼ばれた。

昭和13年(1938年)、私財を投じて藤原工業大学を開校。後に慶応大学に寄贈《きぞう》して、現在の工学部となる。日中戦争から太平洋戦争にかけ、米内《よない》内閣の商工相、小磯《こいそ》内閣の軍需相に就任《しゅうにん》。戦況の悪化で計画は実現しなかったが、軍需産業の増産計画を担当した。戦後は追放により、経営の第一線から退《しりぞ》き、晩年は製紙業の基礎《きそ》となる造林事業を推進《すいしん》した。

藤原には、次のような言葉もある。

「私は安い人間は嫌いだ。ほんとうの高い人間を使いたい。そうして数を少なく使いたい」

多くの経営者は、賃金が安いほうがいいと思っているようだが、賃金《ちんぎん》が安い労働者は賃金以下の働きしかしないので、結局損《そん》をすることになる。むしろ、高い賃金を払う価値のある人間を雇《やと》えば、賃金以上の働きをするので得をする、ということだ。

冒頭《ぼうとう》と重ねれば、欲がある人間には高い賃金で報いる。傾《かたむ》きかけた会社を再建するために、数多くの修羅場《しゅらば》をくぐり抜けてきた藤原らしい言葉だ。

昭和

人間はすこしぐらい品行は悪くてもよいが、品性は良くなければいけないよ。

【小津安二郎●1903〜1963】

小津安二郎●戦前〜戦後の映画監督。親類のつてで松竹の映画スタジオに入社。その独自のスタイルは日本映画界に多大な影響を与えた。

映画監督小津安二郎《おづやすじろう》が、東宝社長だった藤本真澄《ますみ》氏によくいっていた言葉だと、山口瞳《ひとみ》の『礼儀作法《れいぎさほう》入門』の中に紹介されている。〝品行は悪くてもいい〟つまり、表面上の行いは羽目《はめ》をはずしてもいい。でも、〝品性は良くなければいけない〟とは、その心根《こころね》は下品であってはいけない、ということ。

そういう意味で小津の映画は、品性がいいのはもちろんのこと、品行方正な映画だ。登場人物は観客のほうにまっすぐ向き合い、居住《いず》まいを正してハッキリと語りかけてくる。だれひとり心に曇りがない。

小津は東京深川の出身。父親の故郷三重県の中学を出て代用教員となったが、大正12年（1923年）に東京へ戻って松竹蒲田《しょうちくかまた》撮影所に入社。最初、撮影部に配属されるが、後に演出部へ移り、昭和2年（1927年）に監督となる。

戦前は『大学は出たけれど』など下町の庶民生活をユーモアをまじえて描《えが》く作品を得意としていた。戦争中は軍部報道映画班としてシンガポールへ派遣《はけん》され、戦後は昭和22年（1947年）に『長屋紳士録《ながやしんしろく》』で現役復帰をはたす。それ以後『晩春』『麦秋《ばくしゅう》』『東京物語』『早春』など、映画史に残る名作を次々に発表して名匠《めいしょう》と謳《うた》われた。

この時期の作品は、上流階級の人たちの優雅《ゆうが》ではあるけれど孤独な生活を、落ち着いたタッチと独特のカメラワークでじっくりと描いたものが多い。しかも、原節子《はらせつこ》や笠智衆《りゅうちしゅう》などをメインキャストとして、月丘夢路《つきおかゆめじ》、淡島千景《あわしまちかげ》、岸恵子、久我美子《くがよしこ》など華《はな》やかな女優陣が出演してヒットの連続であった。

冒頭《ぼうとう》の言葉は、昭和35年（1960年）に松竹の監督だった小津が、唯一《ゆいいつ》東宝で撮った作品『小早川《こばやかわ》家《け》の秋』のときのことであろう。この映画の中で、原節子演じる兄嫁《あによめ》が、次女の司葉子《つかさようこ》に結婚相手の選び方について同じように語っている。

「品性で選びなさい。品行は直るけど、品性は生まれついてのものだから」

しかし、生まれついての品性が直らないといわれちゃ、身も蓋《ふた》もない。われわれ品性卑《いや》しき者たちは、せめて品行だけでもよくしたいものである。

仲良きことは美しきかな。

【武者小路実篤●1885~1976】

武者小路実篤●東京都千代田区の子爵・武者小路実世の8男として生まれる。東京帝国大学中退。白樺派を代表する小説家。

今じゃ「人間だもの」の相田《あいだ》みつをに、その座を奪《うば》われてしまった感があるが、ちょっと前まで壁に飾る色紙《しきし》といったら、サツマイモとピーマンの絵に書かれた、〝仲良きことは美しきかな〟と相場は決まっていたものだ。ほかにカボチャとタマネギに書かれた、〝君は君　我は我也《なり》　されど仲良き〟などの、素朴《そぼく》な画と讃は人気を集めた。

武者小路実篤《むしゃのこうじさねあつ》は、藤原氏の流れを汲《く》む子爵《ししゃく》武者小路実世《さねよ》の子で、学習院から帝大に進むが文学を志《こころざ》して中退する。志賀直哉《しがなおや》とは中等科からの友人で、明治43年（1910年）には、志賀のほか、有島武郎《ありしまたけお》、里見弴《とん》、柳宗悦《やなぎむねよし》らと、雑誌「白樺《しらかば》」を創刊した。

理想主義、人道主義的な作風で彼らのことを白樺派と呼ぶようになった。「白樺」は大正末期に廃刊《はいかん》したが、その後も多くの雑誌を創刊して、一貫して人生の賛美、人間愛を謳《うた》う作品を発表し続けた。

代表作には、小説『お目出たき人』『友情』『愛と死』『真理先生』、戯曲《ぎきょく》『その妹』『ある青年の夢』などがある。ほかに詩、随筆《ずいひつ》はもとより、美術、演劇、思想と幅広い分野で活動した。終戦の翌年に貴族院議員に勅選《ちょくせん》（4か月後に公職追放となり辞任）。昭和26年（1951年）に文化勲章《くんしょう》受章。

一方で、大正7年(1918年)、自分の理想とする調和的共同体を実現しようと宮崎県木城町に「新しき村」を建設した。この新しき村は、彼の思想を実現しようというもので、ダムにより水没すると、昭和14年（1939年）に埼玉県毛呂山《もろやま》町に、新たな「新しき村」を建設している。

武者小路は、上流階級のボンボンで、人間の美しさを信じている根っからの楽天家だった。テロや犯罪の横行する今の社会を見ると、夢物語のように思えるかもしれないが、争いのない美しい社会が人の善意によって成立することを証明したかったのだ。冒頭の〝仲良きこと〟とは、そんな理想の人間関係を簡潔《かんけつ》に表現したものだ。

ただ、彼の素朴な書画には贋作《がんさく》も多く出回っていて、武者小路自身にも見分けがつかなかった、ともいわれている。

美学の名言
こぼれ言葉

斬られし我五体何れの所にか有らん。此に来れ。頭続で今一軍せん。

【平将門●?~940】

官軍に敗《やぶ》れた平将門《たいらのまさかど》は、その首を京の七条河原で獄門《ごくもん》にかけられた。しかし、夜になると、眼を見開き、牙《きば》を剥《む》き出しにして、右のように叫びながら、身体を求めて東国へと飛んでいった。

その首を祀《まつ》った首塚《くびづか》が、江戸の神田明神《かんだみょうじん》をはじめ、関東各地の将門を祀る神社となった。怨霊《おんりょう》として恐れられるだけではなく、東国武士の信仰を集めた。

花のことは花に問へ。紫雲のことは紫雲に問へ。

【一遍●1239~1289】

鎌倉時代、時宗《じしゅう》を開いた一遍《いっぺん》が、相模国片瀬《さがみのくにかたせ》の地蔵堂にこもっていると、紫の雲がたなびき、花の雨が降った。信者が驚いて、どうしてこのような奇跡が起きたのでしょうと聞いた。それに対して、私には関係ないよ、知りたきゃ、降ってきた花に聞いとくれ、と答えた。一遍にとって奇跡は仏の教えと無縁《むえん》のものだった。

一期に一度の会。（一期一会）

【山上宗二●1544~1590】

千利休《せんのりきゅう》の弟子で、安土《あづち》桃山《ももやま》時代の茶人山上宗二《やまのうえそうじ》の『山上宗二記』にある。

茶席では、これが一生に一度の出会いのつもりで臨《のぞ》みなさい、という意味である。二度とないと思えば、やり直しが効《き》かないのでそれだけ真剣《しんけん》になる。なお「一期一会《いちごいちえ》」という言葉は、幕末の大老井伊直弼《いいなおすけ》が宗二の言葉をこう記したところから広まったもの。

お里、それじゃ形が悪い。

【尾上菊五郎●1844~1903】

明治時代の歌舞伎《かぶき》役者、5代目尾上菊五郎《おのえきくごろう》が夫婦喧嘩《けんか》の最中《さいちゅう》、女房のお里《さと》にいった言葉である。

芸に厳《きび》しかった菊五郎は、喧嘩をしていても、相手の所作《しょさ》が気になった。役者の悲しい性《さが》である。

食器は料理の着物である。

【北大路魯山人●1883~1959】

陶芸家《とうげい》、書家であり、グルメとして知られる魯《ろ》山人《さんじん》が、一流の料理人を集めて講演でいった言葉。

料理を美味《おい》しく食べてもらうためには、料理を上手《じょうず》に作り、きれいに盛りつけるだけではなく、器《うつわ》にも同じように気を使わなくてはいけない、という意味だ。

第5章

有終の美を飾るにはこれ！

辞世・遺言の名言

百伝《ももづた》ふ磐余《いわれ》の池に鳴く鴨《かも》を今日のみ見てや雲隠《くもがく》れなむ

【大津皇子●663～686】

大津皇子●天武天皇の皇子。父親の崩御後、皇位継承をめぐる争いに巻き込まれ、友人の密告で謀反人として24歳の若さで世を去った。

壬申《じんしん》の乱（672年）から6年後、天武《てんむ》天皇はかつて逼塞《ひっそく》した吉野の地で、皇后《こうごう》鸕野皇女《うののひめみこ》や6人の皇《み》子《こ》とともに誓《ちか》いを立てた。皇子たちは母が違っても、天皇に背《そむ》かず互いに助け合い、天武もまた彼らを慈《いつく》しむと。1000年の後まで無事であるように、と――それは兄天智《てんじ》天皇の皇太子大友《おおとも》を滅ぼして帝位に即《つ》いた、天武の切なる願いだったろう。このとき誓った6人の中に、大津皇子《おおつのみこ》がいた。

大津の母大田皇女《おおたのひめみこ》と鸕野皇女は天智の娘で、同腹の姉妹だった。姉の大田は早くに亡《な》くなり、夫を支えた鸕野が皇后に、その子草壁皇子《くさかべのみこ》が天武の皇太子となった。だが天武は壬申の乱のとき、10歳ながら近江《おうみ》を脱出し、自分と合流した大津を頼もしく思っていたようだ。

『日本書紀』には大津は挙措《きょそ》・言辞《げんじ》・学問に優《すぐ》れ、「詩賦《しふ》の興《おこ》り、大津より始《はじま》れり」とまで書かれている。『懐風藻《かいふうそう》』も文武《ぶんぶ》に秀《ひい》で自由闊達《かったつ》、人望が篤《あつ》かったと大津の人柄《ひとがら》を賞賛《しょうさん》する。だが、魅力《みりょく》的であるがゆえに大津は皇太子草壁、いや、その母鸕野皇女の脅威《きょうい》となったのかもしれない。

683年2月、大津が朝政に参加すると、その存在感はますます大きくなった。

686年9月、天武天皇崩御《ほうぎょ》。その殯宮《もがりのみや》で、「大津皇子、皇太子を謀反《かたぶ》けむとす」と『書紀』は唐突《とうとつ》に記す。『懐風藻』は新羅僧行心《しらぎそうぎょうしん》に唆《そそのか》されたとするが、謀反の実態は不明だ。『懐風藻』『書紀』が大津を高く評価していることを考えると、草壁の立場を守るための、皇后の陰謀《いんぼう》という見方も当然だろう。

大津は死を賜《たま》わり、二上山《にじょうさん》に葬《ほうむ》られる。享年《きょうねん》24。妃《きさき》の山辺《やまのべ》皇女もその後を追った。

右の句は、父の庇護《ひご》を失い、突然人生を終わらなければならなかった、大津の哀《かな》しみを伝えている。だが「雲隠る」は尊敬《そんけい》表現で、大津自身の作ではないとする説もある。大津を慕《した》っただれかが、その悲憤《ひふん》を思い詠《よ》んだのだろうか。

大津と同腹の姉大伯皇女《おおくのひめみこ》は、「明日よりは二上山を弟と思う」という悲しい歌を詠んでいる。「吉野の誓い」は果たされなかった。

平安

見るべき程の事は見つ、いまは自害せん。

【平知盛●1151〜1185】

平知盛●平清盛の4男。清盛の信任篤く、亡き後の平家の実権は、兄・宗盛ではなく知盛にあったといわれる。壇ノ浦の戦いで入水。

治承《じしょう》4年（1180年）4月、以仁王《もちひとおう》の令旨《りょうじ》を奉《ほう》じた源頼政《みなもとよりまさ》が反平氏の動きに出た。平清盛《たいらのきよもり》を頂点とする、平氏政権の絶頂期である。このとき大将として宇治《うじ》に出陣《しゅつじん》し、反乱分子を制圧したのが、清盛の4男である平知盛《とももり》だった。同年、伊豆の源頼朝《よりとも》、信《しな》濃《の》の木曽義仲《きそよしなか》が相次《あいつ》いで反平氏の兵を挙げた。だが、富士川の戦いでは平維盛《これもり》が頼朝軍に敗《やぶ》れてしまう。

娘の徳子《とくこ》を高倉天皇の中宮《ちゅうぐう》とし、生まれた孫《まご》を帝位に据《す》えて安徳《あんとく》天皇とした清盛も、翌年閏《うるう》2月に病《びょう》没《ぼつ》。義仲は緒戦の勝利で勢いづき、京都に迫る。

退勢はいかんともしがたく、寿永《じゅえい》2年（1183年）、知盛ら平家一門は安徳天皇と三種の神器《じんぎ》を奉じて、西海へと都落ちした。

だが水島・室山《むろやま》の戦いでは知盛が大将となり、義仲軍に勝利して、平氏は息を吹き返す。窮《きゅう》した義仲が和平を申し入れてくると、知盛の兄宗盛《むねもり》はこれを喜んで受けようとした。そこで知盛が一喝《いっかつ》する。「三種の神器をお持ちの安徳帝がおわすのだから、向こうが軍備を解《と》いて降《くだ》るべきだ」と。平氏の総帥《そうすい》は宗盛だが、実際に一門を支えていたのは知盛だった。結局義仲は、平氏より先に滅びるのである。

義仲に代わって攻め手となった、頼朝の弟義経《よしつね》は手強《てごわ》かった。元暦《げんりゃく》元年（1184年）一ノ谷の合戦《かっせん》での義経の鵯越《ひよどりごえ》は有名だが、この奇襲《きしゅう》で知盛は息子知章《ともあきら》を失う。知章は父の身代わりとなり、討《う》ち死《じ》にした。宗盛の船に逃げのびた知盛は、「子を見捨て命を長らえようとは」と己《おのれ》を恥じて泣いたという。

翌年3月、平家一門はいよいよ壇《だん》ノ浦《うら》に追い詰められた。敵が迫る中、知盛は安徳天皇やその母、建《けん》礼門院《れいもんいん》らが乗る御座舟《ござぶね》に移り、「もはやこれまで。見苦しい物は海へ捨ててしまおう」と船を清める。知盛の母時子《ときこ》（二位尼《にいのあま》）が安徳帝を抱いて入水《じゅすい》、教経《のりつね》らも戦死した。そして「見るべき程の事は見つ。いまは自害せん」（『平家物語』）

知盛はこういうと伊賀家長とふたり、鎧《よろい》2領《りょう》を着て手を組み海中へ没した。享年《きょうねん》35。短い生涯《しょうがい》のうちに平家の栄華《えいが》と没落《ぼつらく》を知る知盛だからこそ、「見届けるべきものはすべて見た」といえたのだろう。

室町

この世は夢の如《ごと》くに候《そうろう》。

【足利尊氏●1305～1358】

足利尊氏●鎌倉末期から南北朝時代の武将。室町幕府の初代征夷大将軍。だが、後醍醐天皇との対立や内紛などでその政権基盤は脆弱だった。

元弘《げんこう》3・正慶《しょうきょう》2年（1333年）、約150年続いた鎌倉幕府が滅亡《めつぼう》する。だが、倒幕計画を推《お》し進めた後醍醐《ごだいご》天皇による「建武《けんむ》の新政《しんせい》」は、当初から波瀾含《はらんぶく》みだった。

延喜《えんぎ》・天暦《てんりゃく》の治世《ちせい》再現を望む後醍醐天皇の理想と、倒幕に貢献《こうけん》した武士たちの思惑《おもわく》には、大きな隔《へだ》たりがあり、恩賞の不満などになって現れたのである。

その中で武家の求心的存在となったのが足利尊氏《あしかがたかうじ》だった。幕府の御家人《ごけにん》だった尊氏が倒幕側に回った理由のひとつに、足利家に伝わる「置文《おきぶみ》」がある。清和源氏《せいわげんじ》足利家の遠祖八幡太郎源義家《はちまんたろうみなもとよしいえ》が、7代のうちに天下を取れ、と子孫に書き残したものだ。だが7代目の家時《いえとき》はこれを果たせず、「自分の命を縮《ちぢ》め3代のうちに天下を取れ」と、新たに置文を残して自害したのである。その3代目が尊氏だった。

後醍醐天皇の諱《いみな》「尊治《たかはる》」の一字を与えられた尊氏だが、武家の棟梁《とうりょう》として天皇と対決することになる。ともに倒幕に与《くみ》した同じ清和源氏の新田義貞《にったよしさだ》をはじめ、早くから後醍醐天皇に呼応した楠木正成《くすのきまさしげ》らも敵となった。戦乱は全国に拡大、尊氏も九州など各地を転戦する。尊氏は大覚寺統《だいかくじとう》（後醍醐側）と対立する持明院統《じみょういんとう》（光厳《こうごん》上皇）を戴《いただ》き、建武《けんむ》3・延元《えんげん》元年（1336年）入京、8月15日、光明《こうみょう》天皇を即位させた。南北朝の始まりである。

この直後、尊氏は清水寺《きよみずでら》に願文を納めているが、そこに表れていたのは彼の苦しみと脆《もろ》さだった。

「この世は夢の如《ごと》くに候《そうろう》…疾《と》く遁世《とんせ》したく候。（尊氏に）道心たばせ給《たまい》候べく候。今生《こんじょう》の果報に代へて、後生《ごしょう》助けさせ給候べく候。今生の果報をば直義《なおよし》にたばせ給候て、直義安穏《あんのん》に守らせ給候べく候…」（漢字に直した部分あり）

このとき尊氏32歳で遺言《ゆいごん》ではないのだが、それに等しい切実な響《ひび》きがある。

先祖の悲願や後醍醐天皇との対立に苦しんだ尊氏。戦局が一進一退する中、そんな尊氏を支えたのは弟直義であり、家宰高師直《かさいこうのもろなお》だった。この年、尊氏は室町幕府を開くが、やがて直義・師直と三者泥沼《どろぬま》の抗《こう》争《そう》が起こり、結局、弟の命を奪《うば》うことになる。

戦国

当方滅亡《めつぼう》。

【太田道灌●1432〜1486】

太田道灌●室町時代後期の武将。幼いころから才気煥発な子として知られていた。江戸城を築いたことでも有名。相模（神奈川県）で暗殺さる。

太田道灌《どうかん》が活躍《かつやく》した時代は、滝沢馬琴《たきざわばきん》作『南総里《なんそうさと》見八犬伝《みはっけんでん》』の舞台になったころである。

当時、室町幕府と鎌倉公方《くぼう》が対立し、鎌倉公方とそれを補佐《ほさ》する関東管領《かんとうかんれい》上杉家も対立していた。さらに、上杉家も山内《やまのうち》・扇谷《おうぎがやつ》・犬懸《いぬかけ》などに分かれ、関東の情勢は複雑だった。

永享《えいきょう》4年（1432年）、道灌は扇谷上杉家の家《か》宰《さい》太田資清《すけきよ》（道真《どうしん》）の嫡男《ちゃくなん》として生まれる。梟雄《きょうゆう》北条早雲とは同い年だ。幼名《ようみょう》は鶴千代丸《つるちよまる》で、元服後資《げんぷくごすけ》長《なが》と名乗っている。9歳から11歳まで鎌倉五山に学び、才気煥発《さいきかんぱつ》との評判が高かったため、山内上杉家が鶴千代丸を所望《しょもう》したが、主君扇谷上杉持朝《もちとも》は「万金にも換えず」と断ったという（『永享記』）。

康正《こうしょう》元年（1455年）、鎌倉公方足利成氏《しげうじ》は、戦乱の中、下総古河《しもうさこが》に移る。同年、道灌は24歳で父から家督《かとく》を譲《ゆず》り受けた。有名な江戸築城はこの2年後である。

文明《ぶんめい》5年（1473年）、扇谷上杉政真が成氏との戦いで戦死、叔父《おじ》の定正《さだまさ》が跡《あと》を継《つ》いだ。3年後、関東管領山内上杉では、長尾景春《ながおかげはる》が主君顕定《あきさだ》に背《そむ》き、戦火は拡大。道灌も関東各地に出陣《しゅつじん》する。また道灌は堀越公方《ほりこしくぼう》の命《めい》で、駿河《するが》今川家の内訌《ないこう》を収めている。道灌が内政・外交・戦略《せんりゃく》に活躍したことで、扇谷上杉の勢いは強くなった。

ところが文明18年（1486年）、道灌は相模糟《さがみかす》屋《や》で主君定正によって殺害される。風呂から出たところを、同じ扇谷の臣曽我兵庫《そがのひょうご》に斬《き》られたのだ。享年55。扇谷の台頭《たいとう》を恐れた山内上杉の顕定が、「道灌は山内に対して軍備を整えている」と、扇谷上杉の定正に告げたのが原因だという。

道灌が定正にとって力をもちすぎたのか、あるいは主従の反目や扇谷家中での権力争いも謀殺《ぼうさつ》の要因として指摘されている。

道灌は凶刃《きょうじん》に倒れながら右の言葉、自分が死ねば扇谷上杉は滅びる、といい残した（『太田資武状』）。

時を経《へ》ずして扇谷上杉は、山内上杉と対立する。その後、扇谷上杉は徐々に衰退《すいたい》し、戦国時代の只中《ただなか》、太田氏所縁《ゆかり》の河越城《かわごえじょう》で滅亡した。

戦国

是《ぜ》非《ひ》に及ばず。

【織田信長●1534～1582】

織田信長●織田信秀の嫡男。青年時代は大うつけと呼ばれていたが、後に尾張を統一し、畿内をも制圧したが、本能寺の変で自害。

天正《てんしょう》10年（1582年）3月、織田信長は宿願である武田氏討伐《とうばつ》を果たした。

かつて信長は甲斐《かい》（山梨県）・信濃《しなの》（長野県）を治める武田信玄に対し、下手《したて》に出て友好関係を保っていた。姻戚《いんせき》となり、贈り物も欠かさなかった。

しかし元亀《げんき》3年（1572年）、信玄が西上の軍を発するにおよび、両者は敵となる。浅井《あざい》・朝倉《あさくら》、将軍足利義昭《あしかがよしあき》らとも敵対し、信長は四面楚歌《しめんそか》の状態に陥《おちい》った。だが信玄の死で危機を回避《かいひ》し、天正《てんしょう》3年（1575年）、長篠合戦《ながしののかっせん》で武田勝頼《かつより》に大勝してから7年、信長はようやく難敵《なんてき》に止《とど》めを刺したのだ。

甲信の仕置きは家臣に任《まか》せ、信長は安土《あづち》城に帰陣《きじん》した。5月、信長より駿河《するが》・遠江《とおとうみ》を与えられた徳川家康が御礼言上《おれいごんじょう》に上洛《じょうらく》。それを饗応《きょうおう》する信長の眼はすでに西を向いていた。

当時、羽柴《はしば》秀吉に中国方面の攻略《こうりゃく》を任せていたが、信長は九州をも視野に入れ、新たに明智光秀《あけちみつひで》らに出陣《しゅつじん》を申しつけたのである。

信長は自《みずか》らも中国に向かうべく、同月29日上洛し、本能寺に入った。武田攻めで嫡男信忠《ちゃくなんのぶただ》を総大将に先発させ、勝利した後、悠々《ゆうゆう》と駒《こま》を進めたように、今度も秀吉らが平《たい》らげた後を往《い》くつもりだったのかもしれない。少年時代「うつけ」といわれた尾張《おわり》の一武将が、「天下布武《てんかふぶ》」にあと一歩のところまでこぎ着けていたが、6月2日早暁《そうぎょう》、本能寺は光秀の軍勢に取り囲まれていた。

「是《こ》れは謀反《むほん》か、如何《いか》なる者の企《くわだ》てぞと、御諚《ごじょう》（＝仰せ）のところに、森乱（＝森蘭丸《もりらんまる》）申す様に、明智が者と見え申し候《ぞうろう》と、言上候へば、是非に及ばずと、上意《じょうい》候…」（『信長公記《しんちょうこうき》』）

小姓《こしょう》などわずかな供しか連れていなかった信長は、光秀の謀反など念頭になかったのだろう。一分の隙《すき》を突かれて、「是非に及ばず（しかたがない）」というひと言を発するしかなかったのだろうか。

信長の潔《いさぎよ》さとも自嘲《じちょう》とも受けとれる。信長は女たちを逃がしてから寺に火をかけ、切腹。49年の激烈《げきれつ》な生涯《しょうがい》を終えた。この後、信長の権力の象徴ともいうべき安土城も炎上、すべてが灰燼《かいじん》に帰した。

戦国

石川や浜の真砂《まさご》は尽くるとも世に盗人《ぬすっと》の種《たね》は尽きまじ

【石川五右衛門●?～1594】

石川五右衛門●戦国時代の大盗賊。出生地は諸説ある。諸国で盗みを働き、最後には捕らえられ京都三条河原で釜ゆでにされた。

石川五右衛門《ごえもん》といえば、芝居《しばい》の中のいかめしい面《つら》構《がま》えの男が思い浮かぶ。辞世の句はいいえて妙だが、実はこれは歌舞伎《かぶき》などでの名台詞《めいぜりふ》。初見《しょけん》は浄瑠璃《じょうるり》『石川五右衛門』といわれ、「石川や濱《はま》のまさごはつくる共、世にぬす人のたねはたへせじ」（『徳川文芸類聚《ぶんげいるいじゅう》』より）と書かれている。

五右衛門の姿は史料にも散見でき、たとえば『慶《けい》長見聞集《ちょうけんぶんしゅう》』に、秀吉の時代、石川五右衛門が京伏見《きょうふしみ》で盗みを働き、人々を悩まして捕《と》らえられ、京三条《さんじょう》河原《がわら》で釜煎《かまい》りにされたとある。

また『言経卿記《ときつねきょうき》』には、文禄《ぶんろく》3年（1594年）8月、盗人10人と子供ひとりが釜で煮《に》られ、同類19人が磔《はっつけ》になったと記されている。

面白《おもしろ》いのは16世紀終わりごろから、日本に滞在《たいざい》したアビラ・ヒロンという商人が記した、『日本王国記』である。

ここに当時、大暴《おおあば》れした盗賊《とうぞく》の一団のことが書かれ、「15人の頭目《とうもく》は生きたまま、油で煮られ、彼らの妻子、父母、兄弟、身内は五親等まで磔に処せられ…」と処刑の様子も残されている。

しかも別人の注記に、油で煮られたのは石川五右衛門とその家族であると書かれているのだ。その名の大盗人が実在し、かなり大きな組織で活動して、釜で処刑されたのは、ほぼ間違いないだろう。

しかしその出自《しゅつじ》は謎に包まれている。時代が下るので信憑性《しんぴょうせい》に問題はあるが、『丹後旧事記《たんごくじき》』には一《いっ》色《しき》氏の家老《かろう》石川氏の一族で、「五良右衛門《ごろうえもん》」と見えるのがそうだという。

また『一色《いっしき》軍記』に「（石川秀門の）2男五郎左衛門後太閤《たいこう》秀吉公の伏見の、御殿《ごてん》へ入《いり》千鳥の香爐《こうろ》を盗み…」とあるが、やはり鵜《う》呑《の》みにはできない。

『言経卿記』や『日本王国記』が、一番確実な五右衛門像といえるが、歌舞伎『楼門五三桐《さんもんごさんのきり》』などの多くの作品、さらには説話や伝説が広がって、「義賊《ぎぞく》石川五右衛門」という一種の英雄像ができあがった。

本当に「石川や浜の真砂は…」のように、痛快《つうかい》な辞世を残していたら、権力に逆らった五右衛門の生きざまが、より鮮明《せんめい》に浮き上がるのだが…。

露《つゆ》と落ち
露と消えにし
我が身かな
浪華《なにわ》のことも
夢のまた夢

【豊臣秀吉●1536～1598】

豊臣秀吉●織田信長の家臣として重用されたが、本能寺の変後、明智光秀・柴田勝家を滅ぼし、天下統一を成し遂げた。

戦国時代に織田信長に仕《つか》え、針売りから出世街道を驀進《ばくしん》した豊臣秀吉。信長が本能寺の変で討《う》たれた後は、天下取りのトップを走り、天正《てんしょう》の終わりに遂《つい》に国内統一を果たした。だがその後、秀吉の人生には狂いが生じてくる。

天正19年（1591年）、秀吉は最も信頼する弟秀長《ひでなが》、側室淀殿《よどどの》との間にようやく儲《もう》けた愛児鶴松《つるまつ》を失った。さらに翌年には、最愛の母大政所《おおまんどころ》が亡《な》くなっている。朝鮮出兵を企《くわだ》てた秀吉は、肥前名護屋《ひぜんなごや》の陣中で母の危篤《きとく》を知り、急ぎ京に戻ろうとした。だが臨終《りんじゅう》に間に合わず、ショックのあまり気を失ったという。そんな秀吉を救ったのは、淀殿の懐妊《かいにん》だった。文禄《ぶんろく》2年（1593年）、お拾《ひろい》（後の秀頼《ひでより》）が誕生。秀吉の溺愛《できあい》ぶりは想像に難《かた》くない。だがそれは新たな悲劇を生むことになった。

鶴松が夭折《ようせつ》した後、秀吉は関白職《かんぱくしょく》を甥《おい》の秀次《ひでつぐ》（姉瑞龍院《ずいりゅういん》の子）に譲《ゆず》り、太閤《たいこう》となったが、秀頼が生まれると秀吉・秀次の間は緊張が高まっていく。

秀次自身の失態や石田三成《みつなり》の讒訴《ざんそ》があったともいわれるが、秀吉の処断は凄惨《せいさん》を極めた。秀次を追放・切腹に追い込み、その妻妾《さいしょう》・子女三十余人までも京都三条河原《さんじょうがわら》で処刑したのである。『甫庵太閤記《ほあんたいこうき》』は「関白職を私するのは理に背《そむ》き冥《みょう》罰《ばつ》にあたる所業で、後の絶えることが多い」と記す。

事件後、秀吉は徳川家康ら諸将に起請文《きしょうもん》を提出させ、秀頼への忠誠《ちゅうせい》を誓《ちか》わせた。人心《じんしん》の安定というより、身内を滅ぼした自分自身の不安や怯《おび》えを消そうとしたのかもしれない。それは死を目前にして、ますます強くなっていった。

「露と落ち露と消えにし…」という辞世の句は、自分の生きざまをはかない露にたとえてはいるが、一代の英傑《えいけつ》秀吉にふさわしく、格好をつけている。その本音《ほんね》は、

「返々《かえすがえす》秀より事たのみ申候《もうしそうろう》。五人のしゅ（＝衆）たのみ申候…なごりおしく候…」

家康や前田利家《としいえ》ら五大老に宛《あ》てた、哀《あわ》れともいうべき遺言状《ゆいごんじょう》に表れている。慶長《けいちょう》3年（1598年）、秀吉は63歳で世を去った。

戦国

うるさの経帷子《きょうかたびら》や、おれはいらぬ。御身跡からかぶりをれやれ。

【前田利家●1538～1599】

前田利家●尾張国の土豪・前田利昌の4男。織田信長に仕え、柴田勝家の与力となり、豊臣秀吉の大老も務めている。1599年病死。

加賀《かが》百万石の祖前田利家《としいえ》は、天文《てんぶん》7年（1538年）に尾《お》張《わり》荒子《あらこ》城主前田利昌《としまさ》の4男として生まれた（天文5年とも）。14歳のとき、織田信長に仕《つか》えたが、「御《お》若き時は、かぶき御人、中々そこつ人様にて、喧《けん》嘩《か》ずきをも成され…」（『利家記』）とあるように、異様な風体《ふうてい》で軽はずみ（または無礼）に行動し、喧嘩好きだった。うつけといわれた信長とは似た者主従だともいえるが、その性格が災《わざわ》いしてか、正室まつと結婚して間もないころ、信長の同朋十《どうほうじゅう》阿《あ》彌《み》を斬《き》り、主の怒りを買って浪人する羽目となる。

桶狭間《おけはざま》の合戦《かっせん》などで手柄《てがら》を挙げ、2年後、利家は出仕を許された。そして32歳のとき、信長の命によって、長兄利久《としひさ》から家督《かとく》を継《つ》ぐ。その後も戦功を重ね、天正《てんしょう》3年（1575年）、柴《しば》田《た》勝家《かついえ》の目付《めつけ》として、利家は越前《えちぜん》府《ふ》中城主《ちゅうじょうしゅ》となった。

同9年には能登《のと》を与えられるが、翌年、信長が明《あけ》智《ち》光秀《みつひで》の謀反《むほん》で非業《ひごう》の死を遂《と》げると、利家の運命も大きく変わっていく。

かつての傍輩《ほうばい》、豊臣秀吉（当時は羽柴《はしば》）が光秀を破り、天下取りのコースを走る。勝家と秀吉が対決した賤《しず》ヶ岳《たけ》の戦いで、利家は初め、勝家に従っていたものの、4女豪姫《ごうひめ》を養女に出していた縁《えん》もあり、結局秀吉の膝下《しっか》に屈した。この後、3女の摩阿《まあ》が秀吉の側室となる。利家は秀吉に篤く信頼され、一子秀頼の傅役《もりやく》も任された。

慶長《けいちょう》3年（1598年）、秀吉は秀頼のことを利家・徳川家康ら五大老に託《たく》して亡《な》くなったが、家康は何かと専横の動きが目立ち、奉行《ぶぎょう》の石田三成《みつなり》らと対立。すでに病に冒《おか》されていた利家は、最後の力を振り絞《しぼ》って家康を抑え、両者の間を調停した。

翌年閏《うるう》3月、いよいよ死期が迫った利家に、まつは経帷子を着せようとする。戦《いくさ》で多くの人を殺《あや》めた夫の後生《ごしょう》を案じたのだ。すると利家は笑ってこういった。「おれが経帷子は、今はの時見え申すべく候《そうろう》。うるさの経かたびらや、おれはいらぬ、御《おん》身《み》跡《あと》からかぶりをれやれ」（『陳善録』）と。乱世を精一杯生き抜いて後悔のない、利家の心情が表れている。

2日後、利家は62歳で世を去った。

戦国

大義を思う者は、首をはねられる瞬間まで、命を大事にするものだ。

【石田三成●1560～1600】

石田光成●信長、豊臣家に仕え、関ヶ原の戦いでは西軍の中心人物となり、東軍の家康に敗れた。六条河原で斬首。享年41だった。

慶長《けいちょう》3年（1598年）、豊臣秀吉は63歳で没《ぼっ》したが、徳川家康は他の大名家と婚姻《こんいん》関係を結ぶなど、次の天下人《てんかびと》の座に向け、着々と布石《ふせき》を打っていた。これに対抗し、秀頼《ひでより》を守ろうとしたのが、五奉行《ぶぎょう》のひとり、石田三成《みつなり》だった。

三成は少年時代に秀吉に見出《みいだ》された、子飼《こが》いの武将である。加藤清正《きよまさ》・福島正則《まさのり》らの武功派《ぶこうは》と違い、官僚《かんりょう》タイプとして才能を発揮《はっき》するが、何かと反感を買いやすかった。

同4年（1599年）、朝鮮出兵時の処遇《しょぐう》などに不満を抱いた清正・正則・黒田長政《ながまさ》らが、三成を急襲《きゅうしゅう》する。このとき三成は、家康のもとに逃げ込んで難《なん》を逃《のが》れるが、奉行職を逐《お》われ、近江佐和山《おうみさわやま》城への退《たい》隠《いん》を余儀《よぎ》なくされた。

しかし三成は家康打倒の矛先《ほこさき》を緩《ゆる》めたわけではなかった。会津《あいづ》の上杉景勝《かげかつ》・直江兼続《なおえかねつぐ》主従と呼応《こおう》し、翌慶長5年（1600年）7月、挙兵《きょへい》したのである。家康はすでに上杉討伐《とうばつ》のため、下野小山《しもつけおやま》まで軍勢を進めていたが、この報に接し、踵《きびす》を返す。

9月15日、遂《つい》に東西両軍は美濃《みの》の関ヶ原で激突《げきとつ》。両軍の勢力は当初、拮抗《きっこう》していたが、小早川秀秋《こばやかわひであき》らの裏切りで西軍の敗北は決定的となった。味方の大谷吉継《よしつぐ》・家臣の島左近《しまさこん》らは討《う》ち死にし、三成は伊吹《いぶき》山中へと落ちていく。だが、佐和山落城後の同21日捕《と》らえられ、小西行長《こにしゆきなが》・安国寺恵瓊《あんこくじえけい》らと六条河原《ろくじょうがわら》で斬首刑《ざんしゅけい》に処されることになった。

『明良洪範《めいりょうこうはん》』などによると、京都に送られる途中、喉《のど》が渇《かわ》いた三成は警固《けいご》の者に湯を求めたが、あいにく手に入らず、代わりに食するようにと干《ほ》し柿《がき》を渡された。すると三成は、「それは胆《たん》の毒なので食べるわけにはいかない」と断ったという。これを聞いた者たちは「首を刎《は》ねられようとしている人間が、今さら毒の心配をするとは」と笑ったが、三成はこう返した。「汝《なんじ》らごとき者ならそうであろう。大義を思う者は、たとえ首を刎ねられるそのときまで、命を大切にして、なんとしても本意を達せんと考えるものなのだ」と。

10月1日、三成は斬首された。享年《きょうねん》41。

戦国

ちりぬべき
時知りてこそ
世の中の
花も花なれ人も人なれ

【細川ガラシャ●1563〜1600】

細川ガラシャ●明智光秀の３女で細川忠興の妻。キリシタンとして名高い。ガラシャは洗礼名。関ヶ原合戦より前、自ら望んで家来に斬られた。

明智光秀《あけちみつひで》の娘、玉子《たまこ》が細川藤孝《ふじたか》の嫡男忠興《ちゃくなんただおき》のもとに嫁《とつ》いだのは、天正《てんしょう》6年（1578年）8月、16歳のときだった。藤孝と光秀は旧知の仲で、ともに織田信長に仕《つか》えていた。

だが同10年（1582年）、光秀が本能寺で信長を討《う》ったとき、細川父子はこれに与《くみ》しなかった。光秀は羽柴《はしば》（豊臣）秀吉に敗《やぶ》れ、落命。夫に愛され、子宝にも恵まれていた玉子は、一転謀反人《むほんにん》の娘となり、忠興は山深い丹波味土野《たんばみどの》に妻を幽閉《ゆうへい》する。

2年後、秀吉に赦《ゆる》され、玉子は夫のもとに戻ったが、それからの夫婦の愛憎は複雑だった。忠興は妻の外出を許さないほど、嫉妬《しっと》深かったという。

あるとき、忠興は玉子の部屋に近づいた使用人を手討ちにし、刀《かたな》の血を妻の小袖《こそで》で拭《ぬぐ》った。すると玉子は、平然とその小袖を着続けていた。

「お前は蛇《へび》か!?」と忠興が問うと、玉子は、「鬼の女房には、蛇がよいでしょう」と答えたという。

そうした中で、玉子はキリスト教に強く惹《ひ》かれていく。忠興がキリシタン高山右近《うこん》から聞いた話を玉子に語ったためとも、信者である家来の母親の影響を受けたためともいわれる。密《ひそ》かに教会を訪れ、ときには侍女《じじょ》を通わせて教えに触れた玉子の信仰心は強くなった。

天正15年（1587年）、秀吉が伴天連《ばてれん》追放令を布告《ふこく》した中、玉子は夫の目を盗み、侍女清原マリアから洗礼を受けた。洗礼名はガラシャ＝神の恩寵《おんちょう》。

慶長《けいちょう》5年（1600年）7月、大坂玉造《たまつくり》の細川邸は石田三成方《みつなりかた》の軍勢に囲まれる。秀吉の死後、豊臣政権を脅《おびや》かす徳川家康を討とうと挙兵《きょへい》した三成は、ガラシャを人質に取ろうとしたのだ。

忠興は家康の上杉討伐に従っていたが、出陣《しゅつじん》に際して留守《るす》を預かる家来に、石田方が来襲《らいしゅう》したら玉子を自害させよと命じていた。

だが、キリシタンは自害を許されないため、玉子は小笠原少斎《おがさわらしょうさい》の長刀《なぎなた》にかかって果てた。享年《きょうねん》38。

花も人も散りどきを心得てこそ美しい、というこの辞世《じせい》の句は、炎上する邸の中、死を求めた忠興に、ガラシャが自らの散りざまを問うているようである。

戦国

くもりなき心の月をさきだてて うき世のやみをてらしてぞゆく

【伊達政宗●1567～1636】

伊達政宗●伊達輝宗の嫡男。奥州の戦国大名で、仙台藩の初代藩主。幼少時にかかった天然痘により隻眼となる。独眼竜の異名をもつ。

「雲ひとつない夜空の月を先に立てて、この世の闇《やみ》を照らしながらあの世に行く」と、トレードマークの三日月形の前立てを連想させ、しかも伊達《だて》を読み込んでいるあたり、文化人でもあった政宗《まさむね》らしい辞世の歌である。

このとき政宗は70歳。癌《がん》性の腹膜炎《ふくまくえん》のために腹部が膨《ふく》れ上がっていたという。死を前にした政宗は、付き添《そ》いの者に「戦場に屍《しかばね》をさらさんと思いしに、其期来《そのききた》らねば、今まで生き延びぬ。いたずらに月日を送り、病におかされ、床《とこ》の上にて死なん命の口惜《くちお》しや」といった。

〝戦場で死ぬと思ったのに、その機会もなく、今まで生き延びた。病気に倒れ、畳《たたみ》の上で死ぬとは不本意なことだ〟。悟《さと》りきったような辞世の歌よりも、こっちこそ政宗らしいではないか。

当初は米沢に本拠を置いていた名門伊達家に生まれた政宗は、二本松の畠山《はたけやま》氏、会津《あいづ》の芦名《あしな》氏など有力豪族《ごうぞく》を滅ぼして、独眼竜《どくがんりゅう》と恐れられ、東北地方の南半分をほぼ支配する奥州《おうしゅう》の覇者《はしゃ》へと成長した。その陰で、敵の捕虜《ほりょ》となった父親を見殺しにし、母の溺愛《できあい》する弟を自《みずか》ら斬殺《ざんさつ》するなど、肉親に対しては非情な面を見せている。

また、小田原《おだわら》攻めに遅れて豊臣秀吉の不興《ふきょう》を買い、死を覚悟《かくご》して死に装束《しょうぞく》で参陣《さんじん》したり、関ヶ原の戦いで東軍に属していながら、近隣諸侯《きんりんしょこう》を侵略《しんりゃく》して領土的野心を徳川家康に咎《とが》められたり、娘婿《むすめむこ》の徳川忠輝《ただてる》が謀反《むほん》の疑いで改易《かいえき》されたりと、ひとつ対処を誤《あやま》れば滅ぼされかねない、時の権力者との危機的状況を数多くくぐり抜けてきた。

仙台62万石の藩主で、家康、秀忠《ひでただ》に後事を託《たく》されるほどの信任を幕府内で受けているとはいえ、政宗の心の底には、戦《いくさ》によってもうひと勝負したい、という最後の戦国大名らしい思いは消えていなかったに違いない。

寛永《かんえい》13年（1636年）年5月24日の早朝、いったん起きて髪を整え、顔を洗った政宗は、死後みだりに人を部屋に入れるなと厳命《げんめい》した。西に向って合《がっ》掌《しょう》すると、再び床に入り、そのまま息を引き取った。

江戸

風さそふ
花よりもなを
われは又
春の名残《なごり》を
いかにとかせむ

【浅野内匠頭●1667〜1701】

浅野内匠頭●播州赤穂藩主。わずか9歳で5万3000石の家督を継いだ。江戸城の松の廊下で刀傷沙汰を起こして自害。浅野家は断絶。

忠臣蔵《ちゅうしんぐら》で有名な、播州赤穂《ばんしゅうあこう》5万3000石の藩主《はんしゅ》浅野内匠頭長矩《たくみのかみながのり》の辞世である。

ことの次第は、忠臣蔵としてよく知られている。内匠頭は元禄《げんろく》14年（1701年）3月14日、江戸城内松《まつ》の廊下《ろうか》で、吉良上野介義央《きらこうずけのすけよしなか》に対する刃傷《にんじょう》事件を起こして、田村右京大夫《うきょうのだいぶ》邸《てい》に預けられると、即日切腹がいい渡された。風に誘《さそ》われるように散ってしまう桜の花は名残惜《お》しいが、その桜が散るよりも早く死ななければいけないとは、なんとつらいことよ。悔《くや》しさのにじんだ一首である。

歌舞伎《かぶき》や映画、テレビドラマでは、意地悪爺《いじわるじい》さんの上野介に賄賂《わいろ》を贈らなかったために、嫌《いや》がらせを受け続けた若い殿様の内匠頭が、公衆の面前で「田《い》舎大名《なかだいみょう》」呼ばわりされたことで、堪忍袋《かんにんぶくろ》の尾が切れたということになっている。ほかにも、塩の製法に関する確執《かくしつ》とか、内匠頭に精神的な持病があったせいとか諸説があるが、内匠頭が語っていない以上、その真相は不明としかいいようがない。

原因はどうであれ、刃傷事件は起きてしまった。天皇の勅使《ちょくし》、しかも将軍綱吉《つなよし》の生母桂昌院《けいしょういん》への従一位下賜《かし》という、特別な勅使を迎える重要な日に、城内で刃傷事件を起こせば、ただではすまないことぐらいわかりそうなものである。その危険を犯《おか》すほどの遺恨《いこん》がありながら、突かなければ殺傷能力のない儀礼用の脇差《わきざし》で斬《き》りかかり、思いを果たすことができなかった。

内匠頭はそのとき35歳。父長友《ながとも》が早世したため、9歳で家督《かとく》を継《つ》いだ後、山鹿素行《やまがそこう》に兵学を学ぶ一方、書画・和歌もものする非凡な才能をもち合わせていた。また藩の経営でも、塩田開発などで、小藩ながら〝土も百姓も豊かなり〟と評されるほどであった。決して世間知らずな若殿ではない。思慮分別《しりょふんべつ》のある中堅《ちゅうけん》大名なのである。内匠頭の精神状態が尋常《じんじょう》でなかったことは確かだろう。

桜の散る田村邸の庭先で、切腹する内匠頭。忠臣蔵では名場面なのだが、冒頭《ぼうとう》の辞世は『多門伝八郎《おかどでんぱちろう》覚書《おぼえがき》』のみに書かれていて、信憑性《しんぴょうせい》は薄いとされている。

幕末

身ハたとひ武蔵の野辺に朽《くち》ぬとも留置《とどめおか》まし大和魂《やまとだましい》

【吉田松陰●1830～1859】

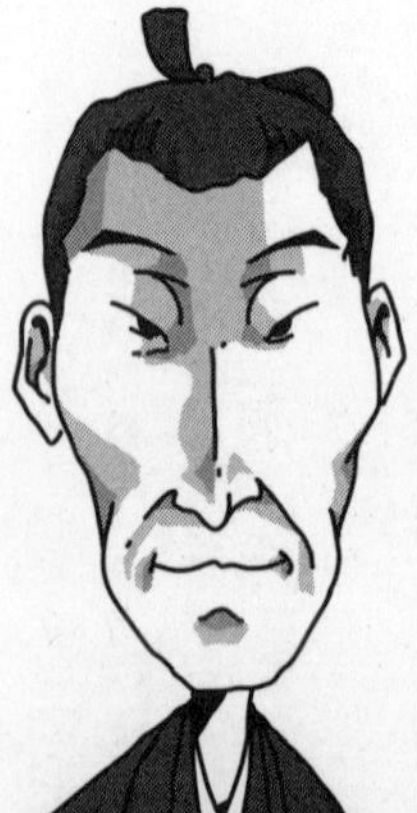

吉田松陰●長州藩出身。謹慎中、萩の生家で松下村塾を開き、幕末・維新の志士に多大な影響を与えた。安政の大獄に連座した罪で刑死。

安政《あんせい》の大獄《たいごく》（安政5年）で捕《とら》えられて、江戸に送られた吉田松陰《しょういん》の遺書《いしょ》、『留魂録《りゅうこんろく》』の冒頭《ぼうとう》に書かれた辞世だ。この身は遠く離れた武蔵国《むさしのくに》で死んでしまっても、私の大和魂《やまとだましい》は皆の心に残っているだろう、という意味である。

吉田松陰は、長州《ちょうしゅう》の下級武士の子として生まれ、兵学師範《しはん》吉田家の養子となり、11歳で藩主の前で『武教全書』の講義をするほど、幼《おさな》いころから秀才と謳《うた》われた。

嘉永《かえい》4年（1851年）、江戸に出た松陰は、佐久《さく》間象山《ましょうざん》から洋学を学んで対外的問題に関心を抱き、嘉永7年（1854年）、ペリー2度目の来航時に、アメリカ密航を企《くわだ》てて失敗。捕えられて長州に送られる。1年間野山獄《のやまごく》に入れられた後、萩《はぎ》の生家で蟄《ちっ》居《きょ》生活を送る。

この一室で開いたのが有名な松下村塾である。塾からは高杉晋作《たかすぎしんさく》、久坂玄瑞《くさかげんずい》、伊藤博文《いとうひろぶみ》、山県有朋《やまがたありとも》など、維新《いしん》の志士《しし》や明治の元勲《げんくん》を数多く輩出《はいしゅつ》している。

しかし、その思想は次第に過激《かげき》になり、幕府批判を強めるようになっていった。そしてついには、老《ろう》中《じゅう》間部詮勝《まなべあきかつ》襲撃《しゅうげき》を計画するようになると、多くの弟子たちも松陰のもとを離れていった。もっとも目をかけていた高杉晋作でさえも決起を諫《いさ》めている。

これに対して松陰は、「僕は忠義をする積《つも》り。諸友は功業をなす積り」と怒りをぶちまけている。

安政5年（1858年）、安政の大獄が始まると、危険思想の持ち主ということで捕えられた松陰は、江戸に送られる。取り調べでは反省するどころか、幕府の対外政策を批判し、聞いてもいない老中《ろうじゅう》襲撃計画を陳述《ちんじゅつ》する。仰天《ぎょうてん》した幕府は、ただちに松陰の死刑を決定し、伝馬町《てんまちょう》の牢獄《ろうごく》で斬首《ざんしゅ》されてしまった。

松陰の死後、離れていた門弟たちは再び結集して、明治維新の原動力となった。まさに、冒頭の辞世の句が現実となったのである。

松陰が松下村塾で教えていたのは、わずか4年のことだが、そこで蒔《ま》かれた種《たね》が、明治維新という果実を生んだ。松陰は死ぬことによって、自分の本当の思いを伝えることができたというべきだろう。

面白《おもしろ》きこともなき世を面白く

【高杉晋作●1839～1867】

高杉晋作●長州藩士の子として生まれる。24歳のとき上海に渡る。帰国後、下関戦争で奇兵隊を編成、実力中心主義の用兵を行った。

幕末の志士《しし》、高杉晋作《たかすぎしんさく》の辞世である。

晋作は、吉田松陰《しょういん》の松下村塾に学び、秀才といわれ、松陰死後の塾を指導《しどう》している。

文久《ぶんきゅう》3年（1863年）に英仏蘭米の4か国艦隊が下関《しものせき》を砲撃《ほうげき》すると、武士たちは右往左往《うおうさおう》するばかりで、ちっとも役に立たない。そこで、農民、町民も採用して身分にこだわらない新しい軍事組織である奇兵隊《きへいたい》を結成してこれに対抗した。一時、佐幕派《さばくは》によって逐《お》われることもあったが、クーデターによって藩政を佐幕派から倒幕派に転換《てんかん》させている。

慶応《けいおう》2年（1866年）、第2次長州征伐《ちょうしゅうせいばつ》が始まると、1000人足らずの奇兵隊で九州口に出撃《しゅつげき》、2万の幕府軍を打ち破り、その弱体ぶりを天下に示すことになった。この戦いの最中《さなか》、結核のため喀血《かっけつ》して倒れ、下関で療養《りょうよう》生活を送る。

この年の暮れに書いた一句が、「己惚《うぬぼ》れで世は済《す》みにけり年の暮れ」である。己惚れていえば、今年はうまくやったなあ、というところだろう。

しかしその翌年、病は悪化してしまう。最期《さいご》に臨《のぞ》んで、冒頭《ぼうとう》の句を書いて力尽き、筆を置いた。側《そば》にいた野村望東尼《もとに》が「すみなすものは心なりけり」と下《しも》の句を継《つ》ぐと、「面白いのう」といって絶命したという。29歳の若さであった。

面白くもない世の中を面白くするのは、その人の（面白くしてやろうという）思いの強さだ。何か面白いことないかなあ、なんて待っていたって駄目《だめ》だ。だから、戦いもまた面白くなければならなかった。

酒を愛し、女を愛した晋作は、逃亡中もしれっと、〝三千世界の烏《からす》を殺し　主《ぬし》と朝寝がしてみたい〟という端唄《はうた》も残している。その破天荒《はてんこう》さが人を魅了《みりょう》する。その面白いことの行き着く先が倒幕であり、明治維《い》新《しん》だったというのだから、高杉晋作のスケールはバカでかい。

ちなみに、下の句を継《つ》いだ野村望東尼とは、高杉が長州を逐われたときに匿《かくま》ったこともある、福岡藩の勤皇派《きんのうは》女流歌人。このときは、逆に軟禁《なんきん》されていた彼女を、晋作らが救出して下関に匿っていたもの。晋作の死から数か月後に彼女も病死している。

明治

余《よ》ハ石見《いわみ》ノ人《ひと》森林太郎トシテ死セント欲ス。

【森鷗外●1862～1922】

森鷗外●本名は林太郎。最年少で東京大学医学部卒業。翻訳、小説、評論などの文筆活動の一方、陸軍の軍医や博物館の館長も務めた。

夏目漱石《なつめそうせき》と並び称される明治の文豪《ぶんごう》、森鷗外《もりおうがい》が死ぬ3日前に、親友の賀古鶴所《かこつるど》に書き取らせた遺言《ゆいごん》の一節である。

この後に「宮内省《くないしょう》陸軍皆縁故《えんこ》あれども、生死別《わか》るる瞬間、あらゆる外形的取扱ひを辞《じ》す。森林太郎として死せんとす。墓は森林太郎墓の外《ほか》一字もほる可《べ》からず。書は中村不折《ふせつ》に委託《いたく》し宮内省陸軍の栄典は絶対に取りやめを請《こ》ふ」と続く。

何の栄誉《えいよ》にも何の肩書きにも無縁《むえん》の庶民にとっては、いささか嫌味《いやみ》とさえ思える遺言であるが、肩書きや役職から解き放たれて、ひとりの人間として死んで行きたいという鷗外の願いが込められている、と読める。

森鷗外は文久《ぶんきゅう》2年（1862年）、石見国《いわみのくに》津和野《つわの》藩《はん》の典医《てんい》の長男として生まれる。19歳で東京大学医学部を卒業、陸軍軍医になる。明治17年（1884年）、ドイツに留学。最先端《さいせんたん》の医学を学ぶとともに、文学、哲学など西欧文化を吸収して帰国した。帰国後、陸大軍医学校の教官となる。明治22年、訳詩集『於母影《おもかげ》』を出版。翌年に、ドイツ留学の体験をもとに書かれた小説『舞姫』を発表するなど、小説、翻訳《ほんやく》、評論などで活躍《かつやく》する。

その一方で、軍医としても、日清戦争に出征《しゅっせい》、陸軍軍医学校長、日露戦争出征、陸軍軍医総監と、軍医としての最高位にまで昇りつめる。

その後も、『ヰタ《イタ》・セクスアリス』『雁《かり》』などを発表し続け、乃木《のぎ》大将の殉死《じゅんし》を受けて転じた歴史小説でも、『阿部一族』『山椒太夫《さんしょうだゆう》』『高瀬舟《たかせぶね》』『渋江抽斎《しぶえちゅうさい》』などの傑作《けっさく》を生んでいる。

また、陸軍を辞した後も帝室博物館総長、宮内省図書頭を歴任し、官僚《かんりょう》としても最高位を極めている。

エリート官僚としての公人の姿と、小説家という私人の姿の両面において、これほどの成功を収めていながら、鷗外自身の中では大きな葛藤《かっとう》があったのだろう。それが遺言の文言《もんごん》となって表れている。

死の直前、「バカバカしい」とだけ呟《つぶや》いて、絶命したという。墓標《ぼひょう》には遺言どおり、「森林太郎墓」とだけ彫《ほ》られた。

昭和

まあ待て、話せば判る。

【犬養毅●1855〜1932】

犬養毅●第29代総理大臣。慶応義塾中退後に西南戦争の従軍記者を経て、大隈重信とともに立憲民政党を結成。満州事変後、首相に。

昭和7年（1932年）の5・15事件で、首相官邸に乗り込んできた青年将校に向かって発した言葉。これに対し、山岸中尉《やまぎしちゅうい》は「問答無用、撃《う》て」と命じ、黒岩少尉《くろいわしょうい》らがピストルを発射したといわれている。

犬養《いぬかい》は岡山県出身。庄屋の息子で慶應義塾《けいおうぎじゅく》中退の後、郵便報知新聞の記者として西南戦争に従軍。東海経済新報記者を経《へ》て、明治15年（1882年）、大《おお》隈重信《くましげのぶ》が結成した立憲改進党《りっけんかいしんとう》に入党。同23年（1890年）の第1回衆議院議員総選挙で当選、以後所属政党名はたびたび変わるが、18回連続で当選した。

大正2年（1913年）の第1次護憲《ごけん》運動では、桂内閣《かつらないかく》を倒して、尾崎行雄《おざきゆきお》とともに「憲政の神様」と呼ばれた。その後の犬養は、万年野党の小政党革新倶楽部《くらぶ》を率《ひき》いて、藩閥《はんばつ》政治への批判を続けていた。

その犬養が首相になったのは、運命のいたずらとしかいいようがない。少数野党に限界を感じた犬養は、大正14年（1925年）に革新倶楽部を立憲政友会と合併《がっぺい》して、自身は一度、引退をした。ところが、地元の支持者の意向を無視できずに、自身の補選に立候補して当選、政界に復帰する。

昭和4年（1929年）、合併した政友会の総裁田中義一が急死すると、党内で後継《こうけい》争いとなり、妥協《だきょう》の産物として政友会総裁《そうさい》となった。しかも、その2年後に民政党の若槻《わかつき》内閣が、満州事変への対応をめぐって閣内不一致となり、総辞職。そこで野党政友会の犬養に、内閣総理大臣が回ってきたのだ。

世界恐慌《きょうこう》の真っただ中、しかも満州事変という外交案件を抱えての組閣であった。経済は大蔵大臣の高橋是清《これきよ》に任《まか》せて、満州事変の平和的解決のため、軍部の要求する満州国承認を退《しりぞ》けて、中国との交渉《こうしょう》の道を探《さぐ》った。また、急進派の青年将校たちを辞《や》めさせるために、天皇の力を利用することも考えていた。しかし、そのどれもが軍部の許容《きょよう》できることではなかった。

こうして組閣から半年で5・15事件は起きた。「憲政の神様」の死は、政党政治の終焉《しゅうえん》をも意味したのであった。犬養の後継首相には、海軍の斎藤実《まこと》が就《しゅう》任《にん》、日本は太平洋戦争へと向かっていった。

辞世の名言

こぼれ言葉

門松は冥途の旅の一里塚めでたくもありめでたくもなし

【一休宗純●1394～1481】

室町時代の高僧で、『一《いっ》休噺《きゅうばなし》』のとんちで有名な、宗純《そうじゅん》の作と伝えられる。年の初めの飾り物である門松はめでたいものだが、同時に門松を立てるたびにひとつ年をとっていく。その分、自分が死に近づくことになるのだから、めでたいとばかりはいっていられない。

一休は後小松《ごこまつ》天皇のご落胤《らくいん》だが、粗末《そまつ》な小屋に住み、破れた服を着て、髑髏《どくろ》をぶら下げて町を練り歩く奇矯《ききょう》な行動で、虚飾《きょしょく》と偽善《ぎぜん》を批判し続けた。

あらたのし思いは晴るる身は捨つる浮世の月にかかる雲なし

【大石内蔵助●1659～1703】

元播州《ばんしゅう》赤穂藩《あこうはん》の国家老《くにがろう》で、吉良邸討入《きらていうちい》りを指揮《しき》した大石内蔵助《おおいしくらのすけ》の辞世。吉良上野介《こうずけのすけ》を討《う》った内蔵助ら赤穂義士《ぎし》は、熊本藩の江戸下屋敷《しもやしき》など数か所に分けて預けられ、2か月後、切腹を命じられる。〝あらたのし〟という軽い歌い出しが、内蔵助らしさを表しているようだ。

親もなし妻なし子なし板木なし金もなければ死にたくもなし

【林子平●1738～93】

江戸中期の思想家林《はやし》子《し》平《へい》が、死の1年前に詠《よ》んだ歌。幕臣の子だったが、兄が仙台藩に仕《つか》えたため、それに従った。だが、子平は海外の知識を得ようと、長崎に3度遊学後、江戸で蘭学《らんがく》者と交流をもち、また蝦夷《えぞ》地へも足を伸ばしたともいわれる。

その結果、ロシアの脅《きょう》威《い》を論じて海防の必要を説いたのが、『三国通覧《つうらん》図説』と『海国兵談《かいこくへいだん》』であった。幕府は「みだりに人心を惑《まど》わす怪《あや》しげな説を唱えて、御公儀《ごこうぎ》に口出しをする」として、板木《はんぎ》は取り上げ発禁処分《はっきんしょぶん》。子平には仙台蟄居《ちっきょ》を命じた。自虐《じぎゃく》的になった子平はこの歌を詠《よ》むと、自分にないものが6つあるとして、〝六無斎《ろくむさい》〟と号した。

此の世をばどりゃお暇と線香の煙と共にはい左様なら

【十返舎一九●1765～1831】

弥次《やじ》さん喜多《きた》さんの、『東海道中膝栗毛《とうかいどうちゅうひざくりげ》』の作者の辞世。いかにも江戸の戯作者らしい軽妙洒脱《けいみょうしゃだつ》な歌。この辞世を刻《きざ》んだ一《いっ》九《く》の墓は、東京は月島東《つきしまとう》陽院《よういん》に今も建っている。

第6章

そういえば聞いたことある

珠玉の名言

平安

この一門にあらざらん者は人非人《にんぴにん》たるべし。

【平時忠●1127〜1189】

平時忠●平清盛の妻時子の弟。智謀家として知られているが、1161年と1169年の２度、謀が発覚し、出雲に流刑となっている。

現代でいうならば、高級官僚《かんりょう》一門といったところだろうか。時の平家一門の栄華《えいが》は、まさしくピカピカと輝《かがや》くばかり。

総帥《そうすい》の太政《だいじょう》大臣にまで昇りつめた清盛《きよもり》を筆頭に、長男の重盛《しげもり》は内大臣の左大将《さだいしょう》、次男宗盛《むねもり》は中納言《ちゅうなごん》・右大将、3男知盛《とももり》は三位《さんみ》・中将など公卿《くぎょう》になったのが16人、殿上人《てんじょうびと》三十余人、諸国の受領《ずりょう》・衛府《えふ》・諸司、都合六十余人にのぼり、国の政府機関はほとんど平家出身者というスゴさだった。

いってみれば、官庁における東大閥《とうだいばつ》みたいなものだろうか。また、

「日本秋津嶋《あきつしま》はわづかに六十六箇国、平家知行《ちぎょう》の国三十余箇国、既《すで》に半国にこえたり、其外庄園田畠《そのほかしょうえんたはた》いくらといふ数を知らず」（『平家物語』）

と、日本全国の半数以上が平家の領国だったのだ。

したがって、

「平家の一門でない者は人間じゃない」

と、平時忠《ときただ》が豪語《ごうご》するのも、あながちうなずける話ではある。姉の時子《ときこ》が清盛の妻であることから、時忠もトントンと官位累進《るいしん》して、検非違使別当《けびいしべっとう》・権《ごん》大納言・正二位《しょうにい》となり、関白にまで昇った。ちなみに、〝人非人〟とは、仏教用語で鬼神《きしん》を指す。

そんな時忠は持ち前の〝驕《おご》り〟が災《わざわ》いしてか、スネて国家を呪詛《じゅそ》したり、藤原成親《なりちか》を讒訴《ざんそ》したりしてうるさがられ、出雲《いずも》に流刑《るけい》されては復帰のくり返し。

でも、平家の栄華もここまでだった。〝栄枯盛衰《えいこせいすい》〟は世の習いというように、栄華の後ろには奈落《ならく》の底が控《ひか》えていたのである。

ライバルの源氏《げんじ》の棟梁《とうりょう》・頼朝《よりとも》が伊豆で挙兵《きょへい》し、平家も清盛が茹蛸《ゆでだこ》のようになって没《ぼっ》すると、真っ逆さまに凋落《ちょうらく》の一途《いっと》。一ノ谷、屋島《やしま》、そして壇《だん》ノ浦《うら》と連戦連敗し、平家は海の藻屑《もくず》として消え去ってしまう。

ではこのとき、時忠は何をしていたのか。

しぶとく生き残り、源義経《よしつね》に近づいて身の保全を図《はか》ったといわれる。時忠自身が〝人非人〟ではないのか、と疑問をもつような人物である。

しかし、頼った相手が悪かったのか、時忠は頼朝によって能登《のと》に再び流されてしまったのである。

南無《なむ》八幡《はちまん》大菩薩《だいぼさつ》、
我国の神明《しんめい》、
日光権現《ごんげん》宇都宮《うつのみや》、
那須《なす》のゆぜん大明神、
願くはあの扇《おうぎ》のまンなか
ゐ《い》させてたばせ給《たま》へ。

【那須与一・平安】

那須与一●『那須系図』によれば藤原北家の末裔、須藤氏の一族。下野国豪族那須資隆の11番目の子で、弓矢をよくしたと伝わる。

源平合戦《げんぺいがっせん》の名場面——屋島《やしま》の合戦の折、弓の名手・那須与一《なすのよいち》が源義経《みなもとよしつね》に命じられて、平家の挑発《ちょうはつ》に立ち向かうときに願かけた言葉である。

まあ、昭和20年代生まれ以前の人だったら、知っている逸話《いつわ》だろう。

元暦《げんりゃく》2年（1185年）2月18日、讃岐国《さぬきのくに》（香川県）屋島《やしま》で源氏と平家が激突《げきとつ》、勝敗はつかず、夕暮れどきを迎えていた。

双方、明日の決戦に帰趨《きすう》を賭《か》けようとしたとき、艶《つや》やかな女性を乗せ、棹《さお》に扇《おうぎ》を立てた一艘《そう》の小舟が、ゆらゆらと平家側より繰《く》り出され、陸にいる源氏方《げんじがた》に手招きした。

つまり、この扇をだれか射《い》てみよ、というのである。昔の戦争は洒落《しゃれ》ている。

この挑発に短絡思考《たんらくしこう》の義経が乗らないわけがない。義経はさっそく、弓の名手といわれる那須与一にこの大役を命じた。与一はいったん断ったが、激怒《げきど》する義経に抗《あらが》えずやむなく承知する。

的《まと》を射抜けないと、源氏方の士気は衰《おとろ》え、逆に平家方は上がる。失敗は決して許されない——与一は何ともしようがなく、水際《みずぎわ》に歩を進めて天を仰ぎ、眼を閉じて神々に祈念《きねん》する。その言葉が冒頭《ぼうとう》の一節なのだ。

ちなみに、八幡大菩薩とは武士の守護神《しゅごしん》の称号。日光権現宇都宮とは日光の二荒山《ふたらさん》神社のこと。また那須のゆぜん大明神とは与一の地元・栃木県那須郡那須町にある温泉神社のことだ。これだけ、神様に頼めば聞いてくれないわけがない。

そして与一が眼を開けると、不思議なことに激《はげ》しく吹いていた北風も弱まっていた。与一はこのときとばかり、弓を引き絞《しぼ》り鏑矢《かぶらや》を放つと、見事《みごと》、扇に命中。距離は80メートルも離れていたという。

扇は3つに裂《さ》け、空に舞い上がり、風に揉《も》まれて海上に落下した。これを見て、源氏方ばかりか平家側も大喝采《だいかっさい》、その妙技《みょうぎ》を賞賛《しょうさん》したという。

ただこの名場面、話に水を指すようで恐縮《きょうしゅく》だが、作り話という説もある。ロマンチックでいい話なのだが…。

平安

賀茂川の水、双六《すごろく》の賽《さい》、山法師は、是朕《これちん》が心に従はざるもの。

【白河上皇●1053~1129】

白河上皇●第72代の天皇。藤原摂関家から実権を奪い、院政を開始。57年の長きにわたって権力と富を欲しいままにした。

天皇がその地位を子などに譲《ゆず》りながらも、上皇《じょうこう》や法皇《ほうおう》となって国政を牛耳《ぎゅうじ》る政治形態を、〝院政《いんせい》〟と呼ぶ。歴史の授業で習ったと思うが、その陰のフィクサーとして横暴《おうぼう》を極めたのが、白河《しらかわ》上皇である。

なにせ、長く側近として仕《つか》えていた藤原宗忠《むねただ》すら上皇の事績《じせき》についてこう嘆《なげ》く。

「意にまかせ、法にかかわらず除目《じもく》（諸司・諸国の官人の任命）叙位《じょい》（位階を授《さず》けること）を行う」

といった具合で、白河上皇は権力と財力にモノをいわせてやりたい放題だった。そのため世の中は、

「天下の品秩《ひんちつ》が破れ、上下衆人も心力に堪《た》えなかった」（『中右記《ちゅうゆうき》』）

といったありさまだったという。その怖《こわ》い者なしだったはずの白河上皇さえもが、お手上げだったのが僧兵の存在。つい、冒頭《ぼうとう》の一節が彼の口からこぼれ出た――。

「自分の思うようにならないものは、賀茂川の水と双六のサイコロ、そして山法師《やまほうし》（延暦寺《えんりゃくじ》の僧兵）である」

10世紀以降、寺院の武力化が顕著《けんちょ》に行われ、僧兵は平安末期における組織化された最大の武装集団で、源平《げんぺい》の争乱に際しても、勝敗の帰趨《きすう》を決する一大勢力だった。なかでも比叡山《ひえいざん》延暦寺の僧兵と、ライバルの南都《なんと》（奈良）興福寺《こうふくじ》の僧兵は、国司《こくし》（現代でいえば県知事）ばかりか、朝廷や摂関家《せっかんけ》さえも手を焼いた。

特に、延暦寺の僧兵は横暴を極めた。なにせ、意に沿《そ》わぬ天台座主《てんだいざす》（寺務を総括《そうかつ》する首座《しゅざ》の僧で、朝廷から任命される）は、武力をもって追放してしまうのだから、始末に悪い。

また、寺院内の派閥抗争《はばつこうそう》ばかりか、その影響は外部の諸寺にもおよんだ。そして、わがままが通らないと、集団で朝廷や摂関家に強訴《ごうそ》（一揆《いっき》の形態のひとつ）した。

朝廷も仏法を司《つかさど》る僧には逆らえず、僧兵たちの要求をやむなく呑《の》む。そのため、解任された国司が何人いたことか。まさに末法到来《まっぽうとうらい》――と当時の人々は思ったかもしれない。

心頭《しんとう》を滅却《めっきゃく》すれば火も自《おのずか》ら涼《すず》し。

【快川紹喜●?～1582】

快川紹喜●美濃国出身の臨済宗の僧。京都の妙心寺で43世を就任し、塩山恵林寺において信長に逆らったため焼き討ちにあって焼死。

凡人《ぼんじん》にはとても、いえない言葉だ。しかし、快川《かいせん》紹喜《じょうき》という偉いお坊さんは、臨終《りんじゅう》に際し、寺が燃え盛る最中《さなか》、逃げ惑《まど》う僧たちを見て、冒頭《ぼうとう》の一節を大声で発したという。

「雑念を払えば、火の中でも涼《すず》しいのだ」

山門の上で、泰然《たいぜん》として周囲を睥睨《へいげい》しながら一喝《いっかつ》する、快川紹喜という人物の人柄《ひとがら》を偲《しの》ばせる逸話《いつわ》である。真夏にクーラーの効《き》いた部屋で、外回りする営業の部下に、電話でこう叱咤《しった》する上司とはわけが違う。

快川紹喜は、京都の妙心寺《みょうしんじ》の住職であったが、甲《か》斐《い》（山梨県）の武田信玄《しんげん》に招かれて、恵林寺《えりんじ》の住職になった。そして、信玄のみならず、子の勝頼《かつより》からも帰依《きえ》を受け、武田氏繁栄《はんえい》のために尽くす。かの有名な武田軍旗「風林火山」の文字は、快川の筆によるともいう。

だが、快川紹喜の武田贔屓《ひいき》が災《わざわ》いする。

信玄亡《な》き後、勝頼は天正《てんしょう》3年（1575年）に行われた長篠《ながしの》の戦いで、織田信長・徳川家康軍に惨敗《ざんぱい》する。有名な武田騎馬《きば》軍団が、3000挺《ちょう》の鉄炮《てっぽう》を揃《そろ》えた織田・徳川連合軍の前に、なす術《すべ》もなく大敗する事件だ。

その後の武田家はジリ貧状態。織田・徳川ばかりか、相模《さがみ》（神奈川県）の北条氏や越後《えちご》（新潟）の上杉氏からも脅威《きょうい》を受け、さらに親族や有力家臣の離反が相次《あいつ》ぎ、まさに瀕死《ひんし》の態《てい》だった。もちろん、そのときを待っていたのが信長である。

天正10年（1582年）3月、織田軍の武田征伐《せいばつ》が行われ、劣勢を覆《くつがえ》せず、勝頼は天目山《てんもくざん》において一族とともに自害。ここに鎌倉時代からの名族・武田氏は滅亡する。

そして同年4月3日、快川紹喜にも終焉《しゅうえん》がやってきた。恵林寺に織田軍が攻め寄せ、寺に火をかけたのである。理由は、信長に敵対した近江《おうみ》（滋賀県）の豪族《ごうぞく》・六角《ろっかく》（佐々木）承禎《じょうてい》を匿《かくま》ったためとも、武田遺臣を匿ったからともいわれる。

まあ、理由はともあれ、信長は坊主が嫌いだったに違いない。

一筆啓上《いっぴつけいじょう》火の用心 お仙《せん》泣かすな馬《うま》肥《こ》やせ。

【本多重次●1529~1596】

本多重次●徳川家の家臣。勇猛果敢な武将として知られる、三河三奉行のひとり。家康の信任は篤かったが、秀吉により冷や飯を食わせられた。

真に要を得た、簡潔《かんけつ》にして明瞭《めいりょう》なる文章である。このひと言で戦場にいた本多重次《ほんだしげつぐ》は、妻にすべてを託《たく》している。

まず〝一筆啓上〟とは、男子の書く手紙の冒頭《ぼうとう》に記される言葉である。もっとも、最近はメールでのやり取りが多くなり、手紙を書く習慣が少なくなっているので、知らない人も多いだろう。

また、〝火の用心〟とは、もちろん火の始末のこと。古今東西、火事は恐ろしいものだ。その当たり前の言葉を最初に記すところに、実直な三河武士《みかわぶし》の姿が彷彿《ほうふつ》とされよう。

次いで〝お仙〟とは、長男の仙千代《せんちよ》のことで、大事な後継《こうけい》だからねんごろに育てるよう託している。そのかいあって、後年、仙千代は成重《なりしげ》と名を改め、徳川家康の孫《まご》で福井藩主《はんし》・松平忠直《ただなお》について、越前《えちぜん》丸岡《まるおか》城主に出世した。

その後、大坂の陣《じん》（豊臣氏と徳川方の戦い）で活躍《かつやく》するが、忠直の改易《かいえき》にともなって自身も改易されてしまう。いわば連帯責任を負わされたのだが、切腹は免《まぬか》れ、今度は幕府に出仕して、そのまま生涯《しょうがい》を終えている。

本題に戻って、〝馬肥やせ〟とは、武士としての当たり前の心構えである。馬は刀とともに武士の大切な魂《たましい》。今、戦場で乗っている馬がダメになるかもしれないので、予備の馬を育てておけ、と託しているのだ。

簡潔な中に滲《にじ》み出る夫婦愛だ。ぶっきらぼうだが、名文といえるのではないだろうか。

最後に、書き手の本多重次について少し触《ふ》れておこう。

重次は三河時代からの家康の家臣で、名を正しくは作左衛門《さくざえもん》重次と称した。直情径行《ちょくじょうけいこう》で勇猛果敢《ゆうもうかかん》な闘《たたか》いぶりから、〝鬼作左《おにさくざ》〟と恐れられ、長篠《ながしの》の戦いでは自身7か所に疵《きず》を負いながら、敵3騎の首級を挙げている。

その後、豊臣秀吉の怒りを買って一時冷遇《れいぐう》されたものの、誇《ほこ》らしく三河武士として、その生涯を全うした。

明治

天は人の上に人を造らず人の下に人を造らずと云《い》へり。

【福澤諭吉●1835~1901】

福澤諭吉●長崎で学んだ後、緒方洪庵の適塾で蘭学を学び、幕府の使節団とともに渡米。慶應義塾を開設し、多数の啓蒙書を刊行した。

近代日本のベストセラーとなったたった自著『学問のすゝめ』の冒頭《ぼうとう》を飾った名言である。

　福沢は九州中津藩《なかつはん》の下級武士の家に生まれ、幼年期に父を亡《な》くし、極貧《ごくひん》にも負けずに洋学を志《こころざ》して、維新《いしん》前にすでに3度の洋行経験をもつにいたった。

　その豊富な博識と自《みずか》らの辛酸《しんさん》をもとに、江戸の封《ほう》建《けん》社会を廃《はい》し、日本が西洋列強と相対《あいたい》し、さらに先進していくにはどうしたらいいか——その基本理念を冒頭の言葉として訴《うった》えたかったのである。

　ある意味、第16代アメリカ合衆国大統領のエイブラハム・リンカーン（1809〜1865年）が、1863年11月19日、ゲディスバーグ国有墓地の奉《ほう》献《けん》式場で語った名演説に通じるものがあろう。

「人民の、人民による、人民のための政治」
（government of the people, by the people, for the people）

　ともあれ、福沢は江戸時代の士農工商のような生前から身分が定められた社会ではなく、努力次第、勉強次第で人が活《い》きていける世の中を切望した。このへんは、坂本龍馬《りょうま》に通じる理想がある。

　そんな福沢に関する、面白《おもしろ》いエピソードが『福翁《ふくおう》自伝《じでん》』（福沢諭吉の自伝）に記されている。

　あるとき、殿さまの名前の書いてある紙を踏《ふ》んで、兄に叱《しか》られた。それでは、と密《ひそ》かに神さまの名を書いた紙で尻を拭《ふ》き、便所に捨てたが、罰《ばち》は当らなかったという。まるで人を食ったような逸話《いつわ》であるが、啓蒙家《けいもうか》の福沢らしい少年時代が彷彿《ほうふつ》とされよう。

　福沢は官職には就《つ》かず、不偏不党《ふへんふとう》の中立的立場を貫《つらぬ》き、安政《あんせい》5年（1858年）慶應義塾《けいおうぎじゅく》の前身である蘭学塾（東京都中央区明石町）を開設、国民の教育に尽力《じんりょく》する。

　さらに、福沢は何でもに西洋を崇《あが》め、追従《ついしょう》する〝開花先生〟と人から揶揄《やゆ》されながらも、西洋文明摂取《せっしゅ》を奨励《しょうれい》し、民主化とはほど遠い儒教社会を、舌鋒鋭《ぜっぽうするど》く批判し続けた。頑固《がんこ》のようだが、昨今の政治家のようにブレがないのがエライ！

　だから、日本札で最高額の1万円の顔になったのだろうか？

板垣《いたがき》死すとも自由は死せず。

【板垣退助●1837〜1919】

板垣退助●幕末の倒幕運動に参加。維新後、参議となったが、征韓戦争に敗れて下野。自由民権運動の旗手となり、自由党を結成した。

明治15年（1882年）4月6日、岐阜で開かれた自由党演説会でのことである。板垣退助《いたがきたいすけ》は演説後、宿舎に戻ろうとしたとき、突然、横合いから暴漢《ぼうかん》に短刀で襲われた。そして傷ついた板垣が、そのとき口から発したのが右の言葉である。

名言の中でも名言といわれる。当時、話ができすぎているので、真偽《しんぎ》を疑う声が多かった。たとえば、「痛くてたまらねぇ、医者を呼んでくれ」といったのが本当のところだとか、側近の創作ではないかとか、あるいは板垣の治療《ちりょう》に携《たずさ》わった、後藤新平《しんぺい》（医者で政治家。後に東京市長を務めた）の作り話ではないのか、といったいくつかの憶測《おくそく》が流れた。

ところが近年、国立公文書館の公文別録（内閣に残された機密ファイル）の「板垣退助遭害《そうがい》一件」が公開され、そこにこの発言が嘘《うそ》でないとされる、当時の公安警察の文書が発見された。

それによると、岐阜県令・小崎利準《としゆき》が内閣書記官・井上毅《いのうえこわし》に送った報告書があり、そこに御嵩署《みたけしょ》の密偵《みってい》・岡本都嶼吉《とよきち》の上申《じょうしん》が添《そ》えられている。岡本はこの日、演説会に潜入、板垣らを監視《かんし》していた。

岡本の証言によると、板垣は遭難《そうなん》に際し「吾《われ》死するとも自由は死せんとの言を吐露《とろ》」したという。

幸いなことに、板垣はこの遭難事件で死なかった。

以後も、彼は精力的に自由民権運動のために奔走《ほんそう》する。明治29年（1896年）には伊藤博文《いとうひろぶみ》内閣の内相となり、明治31年（1898年）には自由党・改進党が合流して憲政党《けんせいとう》が組織されると、大隈重信《おおくましげのぶ》と並んで同党党首となり、日本最初の政党内閣といわれる第1次大隈内閣の内相となって活躍《かつやく》した。

ちなみに、板垣遭難のときに、殺気立って暴漢を殺そうとした党員がいた。これを内藤魯一《ろいち》という人物が、

「我自由党は人に接するには刀を以《もっ》てするの党に無《これ》之《なく》」

といって制したという。

これも名言であろう。

明治

本日天気晴朗《せいろう》なれども波高し。

【秋山真之●1868〜1918】

秋山真之●愛媛県松山市の士族の家に生まれる。日露戦争時、東郷平八郎の下で作戦参謀となる。腹膜炎を患い、療養中に49歳で死去。

明治38年（1905年）5月27日午前2時45分、五島《ごとう》列島沖を警戒《けいかい》中だった仮装巡洋艦《かそうじゅんようかん》「信濃丸《しなのまる》」より、ロシアの〝バルチック艦隊発見〟の報せを受けた連合艦隊は、2時間後、大本営《だいほんえい》へ次のように打電した。

「敵艦見ゆとの警報に接し連合艦隊は直《ただ》ちに出動、之《これ》を撃滅《げきめつ》せんとす。本日天気晴朗なれども波高し」

日露戦争の帰趨《きすう》を決めた、有名な日本海海戦の幕開けの名句である。

この案文を草したのが、連合艦隊司令長官・東郷《とうごう》平八郎《へいはちろう》を支えた名参謀《めいさんぼう》・秋山真之《さねゆき》であった。そして電文の〝波高し〟には、実はこんな意味が込められていたのである――。

「天気は晴朗ですが、波が高いため、旧式の小型艦艇および水雷艇《すいらいてい》は出撃できません。主力艦のみで出撃します」

わずか13文字という驚異的な短さで、艦隊の状況を的確に説明している。名文であろう。

そのためか、「本日……」以下の言葉は昭和30年代までマイクロフォンの通話試験などにも使われ、世に喧伝《けんでん》された。

この案文を考えた秋山真之は、四国の松山藩士《はんし》の子で、同じく日露戦争で活躍《かつやく》し、陸軍大将に昇った秋山好古《よしふる》の弟である。

明治23年（1890年）に東大予備門から海軍兵学校に移った真之は、主席で卒業したほどのエリートだった。日露戦争後も海軍大学校で兵学を講義し、長く日本海軍の戦略《せんりゃく》に影響を与えた。

その一方、名文家としても知られた。この日本海海戦で有名なもうひとつの名言――「皇国《こうこく》の興廃《こうはい》此《こ》の一戦に在《あ》り　各員一層奮励《ふんれい》努力せよ」も秋山の起草《きそう》によるともされる。

しかし、頭脳明晰《ずのうめいせき》なゆえか、凡人《ぼんじん》にわからない奇行の多いことでも知られた。衣服の汚《よご》れには無頓着《むとんちゃく》で、ところかまわず放屁《ほうひ》して平然としていたという。

長く東郷平八郎の影で広く一般に知られぬ存在だったが、司馬遼太郎《しばりょうたろう》の『坂の上の雲』の主人公として脚光《きゃっこう》を集め、知られるようになった。

勝って兜《かぶと》の緒《お》を締《し》めよ。

【東郷平八郎●1847～1934】

東郷平八郎●日清戦争では巡洋艦「浪速」の艦長、日露戦争では連合艦隊司令長官として日本海海戦を指揮。名将として知られる。

連合艦隊司令長官を務めた東郷平八郎は、陸戦の乃木《のぎ》希典《まれすけ》や児玉《こだま》源太郎《げんたろう》と並んで日露戦争の英雄である。そのため、軍神《ぐんしん》として神格化され、3人の神社まで存在しており、現在も崇敬《すうけい》を集めている。

だが、東郷は決して戦争好きではない。幕末期、東郷は薩摩《さつま》藩士《はんし》として多くの戦闘《せんとう》に参加し、その悲《ひ》惨《さん》さをイヤというほど味わった。〝自分は軍人向きではない。鉄道技師として国家に尽くしたい〟――それが、東郷の若いころの夢だった。

東郷は戦争を嫌悪《けんお》した。部下が次々と死んでいく光景に平然としていられるタイプの人間ではなかったのだ。また、一方で国家への忠節、愛国心は人並み以上だった。

明治38年（1905年）12月21日、日露戦争が終わり、平和が訪れた。連合艦隊の解散式も行われ、東郷は日本の発展には海軍力が不可欠であることを強調したうえで、部下を前に壇上《だんじょう》から次のように述べた。

「武力なるものは艦船兵器等のみにあらずして、之《これ》を活用する無形の実力にあり。百発百中の一砲、能《よ》く百発一中の敵砲百門に対抗し得《うる》を覚《さと》らば、我等軍人は主として武力を形而上《けいじじょう》に求めざる可《べか》らず」

武力とは、単に戦備を揃《そろ》えるだけでは不十分である。たとえば、百発百中の1砲があれば敵の100門に対抗できる――。

この論理は数理的には破綻《はたん》している。百発百中の砲1門と百発一中の砲100門が撃《う》ち合って、〝百発百中の砲1門〟が最初の交戦で破壊《はかい》されれば、戦《せん》闘《とう》にならない。負ける。

だが、東郷がいいたいのは、そうではない。モノ（戦備）を揃えることも大切であり、かつ戦意なども大切であるが、要は物的要素を活用しつつ、精神的な涵養《かんよう》（平和を求める心）が必要である、と説いたのである。

そして、演説の最後に述べたのが、冒頭《ぼうとう》の言葉であった。日本を守るためには、もう一度引き締《し》めて鍛錬《たんれん》せよ――と、〝無形の実力〟を部下に求めたのである。

天災は忘れた頃にやってくる。

【寺田寅彦●1878〜1935】

寺田寅彦●物理学者、俳人、随筆家。漱石に師事し、『吾輩は猫である』のモデルとされる。文学と科学の融合を目指した随筆で有名。

真に親しみやすく、忘れられない名警句《めいけいく》である。現在でもよく使われている。

寺田寅彦《てらだとらひこ》は、高知県出身の物理学者で、田中舘愛《たなかだてあい》橘《きつ》と長岡半太郎《ながおかはんたろう》に師事し、東大卒業後ドイツへ留学。帰国後に東大教授となった。

専門は実験物理学と地球物理学であるが、その一方で、熊本の第五高等学校在学中から夏目漱石《なつめそうせき》に師事し、俳句や連句などを嗜《たしな》み、〝藪柑子《やぶこうじ》〟と号した。また、〝吉村冬彦〟というペンネームで随筆《ずいひつ》をよく執筆《しっぴつ》していた。

寺田は航空研究所、理化学研究所、地震研究所の所員も兼務しており、大正12年（1923年）の関東大震災のときに、自《みずか》ら火災旋風《かさいせんぷう》などの調査に従事した。

そうした経験を踏《ふ》まえて、天災に備えておく重要性を説いて冒頭《ぼうとう》の言葉をいったとされる。

ただし、寺田の著書に冒頭の文言は記されていないが、防災について触《ふ》れた文章が随筆集の中によく見える。

「人間は何度同じ災害に会っても利口《りこう》にならぬものであることは歴史が証明する。東京市民と江戸町人と比べると、少なくも火事に対してはむしろ今のほうがだいぶ退歩している。そうして昔と同等以上の愚《ぐ》を繰《く》り返しているのである」

寺田は漱石門下では最古参《さいこさん》に位置していたが、科学や西洋音楽など寺田が得意な分野では逆に漱石が教えを請《こ》うこともあり、弟子ではなく対等の友人として遇されていた節《ふし》もあるという。

それゆえか、漱石の『吾輩《わがはい》は猫である』に登場する〝首縊《くびくく》りの力学〟を語る水島寒月《みずしまかんげつ》や『三四郎』の野々宮宗八《ののみやそうはち》のモデルが寺田だといわれる。

このことは漱石夫人も『漱石の思い出』の中で語っている。寒月が椎茸《しいたけ》を食べて前歯を欠く話は、寺田の実話をもとにしていて、後に寺田は漱石がそのことを書いたことに抗議したという。

そうした人柄《ひとがら》が慕《した》われ、寺田の〝門下生〟となった人物は多く、物理学者で随筆家の中谷宇吉郎《なかやうきちろう》もそのひとりだ。

男子の本懐《ほんかい》。

【浜口雄幸●1870～1931】

浜口雄幸●第27代総理大臣。高知県出身。帝大法科卒業後、大蔵省に入省。衆議院議員となり、蔵相、内相を経て立憲民政党の総裁に。

魁偉《かいい》な容貌《ようぼう》と迫力ある弁舌《べんぜつ》、そして意思の強さから〝ライオン宰相《さいしょう》〟と呼ばれたのが、昭和初期の首相・浜口雄幸《おさち》（立憲民政党総裁《そうさい》）である。

彼が首相にあった当時、日本は多難《たなん》な時代を迎えていた。国内には経済恐慌《きょうこう》、外には軍縮《ぐんしゅく》という難問が控《ひか》え、浜口は前者には「公私経済の緊縮《きんしゅく》」と「金解禁《かいきん》」、後者には「対支外交刷新《たいしがいこうさっしん》」と「軍縮促進《そくしん》」で乗り切ろうとする。だが、国内の反発は、激《はげ》しかった。

昭和5年（1930年）11月14日、岡山で行われた陸軍大演習に向かう途中、浜口は東京駅のホームで一右翼青年に狙撃《そげき》され、腹部に重傷を負った。

そして、急を聞いて駆《か》けつけた親友の幣原喜重郎《しではらきじゅうろう》（後に首相）に、声を振り絞《しぼ》って発したのが、冒頭《ぼうとう》の言葉という。

軍部や野党を抑えて、昭和6年度予算の閣議《かくぎ》を片づけた直後だったためか、生真面目《きまじめ》な浜口らしい言葉といえよう。

この「男子の本懐」は当時、流行語となり、よく人口に膾炙《かいしゃ》されたが、随行《ずいこう》した秘書官か新聞記者による創作説の疑いがあった。だが、現場に駆けつけた4女・富士子は、「父の本心」と創作説を否定している。

昭和5年4月に締結《ていけつ》された、ロンドン海軍軍縮条約には、長老の東郷平八郎元帥《とうごうへいはちろうげんすい》をはじめ、海軍内にも反対する声が多かった。

海軍大臣の財部彪《たからべたけし》は、その風当たりの強さに動揺していたとき、浜口は「玉砕《ぎょくさい》ストモ男子ノ本懐ナラズヤ」（財部彪日記）と励《はげ》ましたといわれ、日ごろの信念であったことがわかる。

負傷から立ち直ったものの、体力の衰《おとろ》えは激しく、浜口はよろめきながら公務に励んだ。かつてそんな彼を見て「あの男の趣味《しゅみ》は政治だ」と評する人がいた。それに対して浜口は、こう反論した。

「政治が、趣味道楽であってたまるものか。おおよそ政治ほど真剣なものはない。命懸《いのちが》けでやるべきものである」

今の政治家に聞かせたい言葉である。

大正

元《げん》始《し》女性は太陽であった。

【平塚らいてう●1886~1971】

平塚らいてう●夏目漱石の代表作『三四郎』のヒロインのモデルといわれる。女性差別に反対し、戦後は平和運動でも活躍した。

近代日本の、女性運動史の第一歩を飾った名言である。

明治44年（1911年）に創刊された『青鞜《せいとう》』で、平塚らいてうは発刊の辞として、冒頭《ぼうとう》の言葉で、その意気込みを華々《はなばな》しく次のように述べた。

「元始、女性は実に太陽であった。真正の人であった。今、女性は月である。他によって生き、他の光によって輝《かがや》く、病人のような蒼白《あおじろ》い顔の月である」

いかにも、猛《たけ》き女性運動家らしい言葉である。

男尊女卑《だんそんじょひ》の伝統的な意識と、家父長制《かふちょうせい》がいまだに息づく世の中で、家事労働に縛《しば》られるだけの人生を強《し》いられていた当時の女性たちに、意識革命を大胆《だいたん》に呼びかけた。

生物学的にいえば、男性は女性の一種の変異《へんい》であるという。その女性が男性によって、なぜ虐《しいた》げられ続けねければならないのか——と、女性解放を呼びかけたのである。

執筆陣《しっぴつじん》には与謝野晶子《よさのあきこ》をはじめ、野上弥生子《のがみやえこ》、長《は》谷川《せがわ》時雨《しぐれ》、田村俊子《たむらとしこ》など錚々《そうそう》たる女性が名を連ね、『青鞜』は文芸活動のみならず、以後の女性運動の原動力となっていく。

らいてうの本名は明《はる》。筆名は雷鳥《らいちょう》からとったという。日本女子大学を卒業した後、与謝野晶子や森田草平《そうへい》らとともに短歌や短編小説などを書き始め、文筆の世界に入っていった。

そして、そのとき知り合った森田草平と、明治41年に企《くわだ》てた心中未遂《みすい》事件が、森田の書いた小説『煤《ばい》煙《えん》』で公《おおやけ》にされ、〝煤煙事件〟として世に知られることになったのである。

らいてうはこの心中未遂事件後、母が貯《た》めていた結婚費用を元手に『青鞜』を出版、女性による女性のための雑誌を創刊した。世間のタブーや非難を畏《おそ》れない、らいてうらしい人間性が彷彿《ほうふつ》とされる。

この後も、らいてうは活発な女性解放運動を繰《く》り広げる。大正9年（1920年）には市川房枝《ふさえ》と新婦人協会を結成し、女性の政治運動参加などを議会に要求。ちなみに、夏目漱石《なつめそうせき》の『三四郎』のヒロイン・美禰子《みねこ》はらいてうがモデルという。

銀が泣いている。

【坂田三吉●1870〜1946】

坂田三吉●貧しい家の出で、草履表を作りながら将棋を覚えた。歌や映画の『王将』のモデル。南禅寺の決戦と呼ばれた対局が有名。

浪速《なにわ》の将棋《しょうぎ》界の名棋士《めいきし》・坂田三吉《さかたさんきち》は、かつての映画・演劇界の主役『王将』のモデルであり、村田英《ひで》雄《お》の演歌でも知られている。

大阪府堺《さかい》市の出身で、生業の草履《ぞうり》作りを手伝いながら、路地裏《ろじうら》で大人が指す縁台《えんだい》将棋で腕を磨《みが》き、早熟の天才ぶりを発揮《はっき》し、アマチュア棋士として有名になる。

明治32年（1899年）ごろ、後の好敵手・関根金次郎と対局して惨敗《ざんぱい》。これを契機《けいき》としてプロの道を目指したという。以後、坂田は打倒関根に燃え、貧困《ひんこん》や持病の眼疾《がんしつ》とも戦いながら乱戦に強い〝坂田将棋〟を生み出し、明治41年（1908年）に大阪朝日新聞社の専属棋士となる。

そして、大正2年（1913年）4月、関根八段との3回目の対局の機会が訪れた。前2回とも敗北を喫《きっ》していたが、坂田はここで初めて関根に勝つ。この対局中で呟《つぶや》いたのが冒頭《ぼうとう》の言葉である。「銀が泣いている」とは、持ち駒《ごま》の銀を十分に活用できていない状況を嘆《なげ》いたセリフで、現在でも将棋の金言として使われる。

その後、坂田は大正4年に小野名人から八段位の免許を与えられ、大正6年に上京して関根に快勝するものの、関根門下の土居《どい》七段に屈し、名人位の野望を絶たれた。

大正14年（1925年）、関西の後援者に推《お》されて名人を名乗るが、これを東京将棋連盟は承認《しょうにん》せず、長く中央将棋界と断絶することになる。

昭和13年（1938年）に行われた「第2期名人戦挑戦者決定八段リーグ戦」に70歳という高齢で挑《いど》み、若手棋士を相手に通算で7勝8敗、9人中4位という好成績を残しながら引退した。

そして、昭和21年7月23日、波瀾《はらん》に富んだ76年の生涯《しょうがい》を終え、昭和30年に日本将棋連盟から名人位、王将位が追贈《ついぞう》された。

坂田は奇行で知られているが、実際には礼儀正しく、思いやりにあふれた聡明《そうめい》な人であったという。弟子に升田幸三《ますだこうぞう》名人、孫弟子《まごでし》に17世名人の谷川浩司《たにがわこうじ》などがいる。

生れて、すみません。

【太宰治●1909～1948】

太宰治●本名津島修治。弘前高校卒業、東京大学仏文科入学。二度芥川賞候補になるが落選。38歳のときに玉川上水で女性と入水自殺。

デカダンス作家・太宰治《だざいおさむ》の作品『二十世紀の旗手《きしゅ》』で記された言葉である。

太宰はこの作品を発表した昭和12年（1937年）、最初の妻・初代の不倫《ふりん》を知り、生涯《しょうがい》2度目の心中未遂《みすい》事件を起こしたが死にきれず、その後、初代と離婚した。

「生れて、すみません」

この卑屈《ひくつ》なる言葉が意味するものは何か——それは罪の意識である。

昭和初期、日本のインテリ層は社会主義思潮《しちょう》が横《おう》溢《いつ》していた。東北の僻地《へきち》・津軽《つがる》の大地主の家に生まれた太宰はブルジョワ階級であることに罪の意識を覚え、社会主義運動に参加するものの、弾圧《だんあつ》を恐れて転向し、裏切り行為の後ろめたさに苦悩する。また、女性との心中未遂事件で相手だけを死なせてしまい、罪悪感をいっそう募《つの》らせた。

こうした葛藤《かっとう》を背負った太宰は、酒色に溺《おぼ》れ、退《たい》廃《はい》的な生活を送るが、太平洋戦争が始まると、『女生徒』や『走れメロス』の作品が物語るように明るさを帯《お》びる。

だが、それも一時のことであった。彼の自己否定の意識は、戦後再び蘇《よみがえ》る。

『トンカトントン』『ヴィヨンの妻』『斜陽《しゃよう》』『桜桃《おうとう》』などを次々と発表。酒色に加え、不眠症による睡眠薬中毒、結核《けっかく》でしばしば繰《く》り返す喀血《かっけつ》など、まともに考えれば小説執筆《しっぴつ》できない身でありながら、旺盛《おうせい》な創作活動を展開した。そして、昭和23年（1948年）6月13日深夜、『人間失格』を書き上げ、未完の『グッド・バイ』を残し、連日から降り頻《しき》り増水する東京・三鷹の玉川上水《たまがわじょうすい》で愛人の山崎富栄《とみえ》と入《じゅ》水《すい》心中した。生涯試《こころ》みた5度目の自殺である。

絶筆ともいえる『人間失格』には、こう記されている。「恥《はじ》の多い生涯を送ってきました」と。罪の意識は決して消えなかったのだ。

なお、美知子夫人に宛《あ》てた遺書《いしょ》には、

「あなたをきらいになったから、死ぬのでは無いのです。小説を書くのが、いやになったからです」

と記されていた。

昭和

智恵子は東京に空が無いといふ、ほんとの空が見たいといふ。

【高村光太郎●1883〜1956】

高村光太郎●東京都出身の彫刻家、詩人、評論家。ニューヨーク、ロンドン、パリなどに留学して彫刻を学ぶ。結核のため73歳で死去。

詩人で彫刻家の高村光太郎《たかむらこうたろう》が執筆《しっぴつ》した、『智恵子抄《ちえこしょう》』の有名な一節である。詩はさらにこう続く。

「私は驚いて空を見る。桜若葉の間に在《あ》るのは、切っても切れないむかしなじみのきれいな空だ。どんよりけむる地平のぼかしは、うすもも色の朝のしめりだ。智恵子は遠くを見ながらいふ。阿多多羅山《あたたらやま》(安達太良山《あだたらやま》)の山の上に毎日出ている青い空が、智恵子のほんとうの空だといふ」

何と、あどけない詩だろう。人を和《なご》ませる響《ひび》きがある。

この詩集は、さまざまな人によって創作の素材となり、小説(佐藤春夫)や映画・テレビドラマのほか戯曲《ぎきょく》やオペラにもなったから、ご存じの方も多かろう。

もちろん、ここに出てくる智恵子とは、光太郎の妻のことで、光太郎は彼女と結婚する以前から彼女の死後の30年間にわたって詩29篇、短歌6首のほか3篇の散文を収録した詩集2冊を昭和16年(1941年)に出版した。これが『智恵子抄』である。

高村光太郎は、『老猿《ろうえん》』を造った木彫家・光雲《こううん》を父にもつ。22歳のときにロダンの彫刻『考える人』の写真を見て衝撃《しょうげき》を受け、翌年に欧米に留学。

やがて、欧米の自由で近代的な精神を身につけた26歳の光太郎は帰国するが、日本の古い価値観や美術界の権威《けんい》主義と衝突《しょうとつ》、これに強く反発する。

そして28歳のときに、画期的《かっきてき》な婦人女性誌「青鞜《せいとう》」(平塚《ひらつか》らいてう発刊)の表紙を飾った、若き女流芸術家・長沼《ながぬま》智恵子と出会う。

智恵子は3つ年下で、3年後に結婚する。光太郎はこれが契機《けいき》となって、頑《かたく》なな社会に対する怒り、苦悩、反発といったものが溶解《ようかい》していく。

「私はこの世で智恵子に巡り会ったため、彼女の純愛によって清浄《せいじょう》され、以前の退廃《たいはい》生活から救い出されることができた」

と自《みずか》ら語った。

だが、智恵子は、昭和13年10月、7年間の錯乱《さくらん》状態の末、肺結核で死去してしまう。ふたりが育《はぐ》んだ夫婦愛の結晶が、この名言として煌《きらめ》く。

雪は天から送られた手紙である。

【中谷宇吉郎●1900〜1962】

中谷宇吉郎●石川県出身の物理学者、随筆家。寺田寅彦に師事し、世界で初めて人工雪を作ることに成功した。61歳で骨髄炎のため死去。

中谷《なかや》宇吉郎《うきちろう》は〝雪博士〞として知られた物理学者で、かつ師の寺田《てらだ》寅彦《とらひこ》と同様、随筆家《ずいひつか》としても名を成した。その彼が残した言葉が、右の一節である。いかにも〝雪博士〞らしい、詩情《しじょう》あふれるロマンチックな名言ではないだろうか。

中谷は石川県加賀市の出身で、大正11年（1922年）に、第四高等学校から東京帝国大学理学部物理学科に入学。寺田寅彦の教えを受けて、実験物理学を志《こころざ》す。卒業後は理化学研究所で寺田研究室の助手を務め、イギリス留学を経《へ》て、昭和5年（1930年）に北海道帝国大学理学部の助教授となった。

中谷が雪の研究を始めるのは、それから2年後のこと。きっかけは、昭和7年夏に読んだ一冊の本だった。

それは、アメリカのアマチュア写真家ウィルソン・ベントレーが撮影した、雪の結晶の写真集である。ベントレーは生涯《しょうがい》で、6000種類以上の雪の結晶の顕微鏡《けんびきょう》写真を撮り続けた、伝説の人物だった。

中谷はこの写真集に感銘《かんめい》を受け、大学の渡り廊下《ろうか》の片隅《かたすみ》で雪の結晶の観察を始める。

零下7、8度という厳《きび》しい寒さの中、降ってくる雪をガラス板の上に受け、顕微鏡で観察する作業であった。

そして、昭和11年（1936年）3月12日、大学に氷点下50度にまで下げられる低温実験室を造り、世界初の人工雪を完成させることに成功した。

その後、中谷は昭和14年ごろから〝凍上《とうじょう》〞の研究を始める。凍上とは、地面が地中深くまで凍《こお》って地表が持ち上がる現象で、当時、この現象による鉄道被害が北海道などで多発していた。

戦後は、氷の研究にも従事し、北海道の地に根ざした研究に明け暮れる。

そして、昭和37年（1962年）4月、中谷は骨《こつ》髄炎《ずいえん》で61歳の生涯を閉じた。多忙《たぼう》な研究の合間《あいま》を縫《ぬ》って家族を愛し続けた亡《な》き夫に、妻静子はこう語りかけた。

天からの君が便りを手にとりて
よむすべもなき春の淡雪《あわゆき》

花に嵐のたとえもあるぞ、さよならだけが人生だ。

【井伏鱒二●1898〜1993】

井伏鱒二●本名は満壽二。広島県生まれの小説家。早稲田大学文学部仏文科中退。代表作に『ジョン萬次郎漂流記』『黒い雨』など。

源詩は、中国唐代《とうだい》の于武陵《うぶりょう》の『勧酒《かんしゅ》』（酒を勧《すす》める）である。これを井伏鱒二《いぶせますじ》が日本語に訳して世に広めた。

「この杯《さかずき》を受けてくれ。どうぞなみなみ注がしておくれ。花に嵐のたとえもあるぞ、さよならだけが人生だ」

これをわかりやすくすれば、

「どんなに綺麗《きれい》な花が咲いても嵐で散ってしまうこともある。また、どんなに親しい友でも、いつかは別れのときがやってくるのだ。だからこそ、今このとき、ふたりの時間を大切にしよう。

さあ、杯になみなみと酒を注ぐから、断らないでくれ」

と解釈《かいしゃく》できる。

井伏鱒二は広島県福山市加茂《かも》町で生まれ、初めは日本画家を志《こころざ》し、一時、美術学校に学んだ。だが、後に文学に転向し、大正8年（1919年）21歳のときに、早稲田大学文学部に入学し、在学中から小説を書き始め、同人雑誌に発表する。

昭和5年（1930年）に処女短編集『夜ふけと梅の花』が刊行《かんこう》され注目された。なかでも、同短編集に収められた異色作『山椒魚《さんしょううお》』が話題を呼ぶ。

その後も旺盛《おうせい》な執筆《しっぴつ》活動を繰り広げ、昭和12年には『ジョン萬次郎漂流記』で直木賞を受賞し、文壇での地位を不動のものにした。ほかに代表作には、原爆の悲惨《ひさん》さを描《えが》いた『黒い雨』などがある。

井伏は多趣味《たしゅみ》で、釣《つ》りのほか将棋《しょうぎ》も嗜《たしな》み、将棋を通して多くの作家が自宅（東京都杉並区清水）近くに集い、〝阿佐ヶ谷文士村〟なるものが形成された。

この中には横光利一《よこみつりいち》、上村暁《うえむらさとる》、三好達治《みよしたつじ》、太宰治《だざいおさむ》などがおり、錚々《そうそう》たる顔ぶれがそろっていた。

なかでも、太宰治との関係には深いものがあり、井伏邸で行われた太宰と石原美知子との婚礼では媒《ばい》酌人《しゃくにん》を務め、さらに太宰が玉川上水《たまがわじょうすい》で入水《じゅすい》心中したときは、葬儀《そうぎ》副委員長として列席した。

太宰の未完の遺作《いさく》は『グッド・バイ』。井伏は、「さよならだけが人生じゃない」と、本当はいいたかったのかもしれない——。

珠玉の名言 こぼれ言葉

泰平のねむりをさます
じょうきせん
たった四はいで
夜も寝られず。

【狂歌 幕末】

嘉永《かえい》6年（1853年）6月、ペリー提督《ていとく》率《ひき》いる米国艦隊《かんたい》4隻《せき》が、相模国《さがみ》（神奈川県）の浦賀沖《うらがおき》に突《とつ》如《じょ》として現れ、久里浜《くりはま》に上陸して日本に開国を迫った。

当時、長崎での朝鮮・中国・オランダとの交易は例外的に認めていたものの、徳川幕府は鎖国政《さこくせい》策《さく》を採《と》っていた。

これをペリーは恫喝《どうかつ》外交で打破しようとして、幕府の喉元《のどもと》・江戸湾に艦隊を侵入させてきたのである。

「平和な世の中だったのに、蒸気船がたった4隻来ただけで、世の中は大騒ぎとなり、うかうか寝ていられない」

庶民《しょみん》の驚きようがうかがえる。

なお、〝じょうきせん〟とは宇治《うじ》の銘茶《めいちゃ》「上喜撰」のことで、カフェイン度が強く、あまり飲みすぎると寝つきが悪くなる。それと〝蒸気船〟とを掛けているのである。

降る雪や
明治は遠くなりにけり

【中村草田男●1901〜83】

「明治」という、あの懐《なつ》かしい時代は永久に過ぎ去ってしまった、という感《かん》銘《めい》を刻《きざ》みつけた名句である。

現代なら、「昭和は遠くなりにけり」と感慨《かんがい》をもって呟《つぶや》く、中年の方も多かろう。

明治34年（1901年）生まれの中村草田男《くさたお》がこの句を詠《よ》んだのは、昭和52年（1977年）のこと。すでにこのとき、明治の面影《おもかげ》は消えかかっていた。

当時、中村は成城大学教授で、朝日新聞日曜俳《はい》壇《だん》の選者であった。

書を捨てよ、
町へ出よう。

【寺山修司●1935〜83】

前衛芸術家の寺山修司《てらやましゅうじ》（歌人・劇作家）が昭和42年（1967年）に、「書を捨てよ、町へ出よう」という評論集を出版した。

同時に、寺山は同年旗《はた》揚《あ》げした演劇実験室「天井桟敷《さじき》」の公演で、同名の『ハイティーン詩集 書を捨てよ町へ出よう』を、演劇作品として発表した。

飾らない斬新《ざんしん》な表現が反響を呼び、多くの若者から支持を得て、このタイトル名は一時、一世を風靡《ふうび》した。

後日調査の上、御報告申し上げます。

【松方正義　1835〜1924】

松方正義《まさよし》は薩摩藩士《さつまはんし》の出身で、その実績から〃財政の父〃と異名《いみょう》をとる。

西南戦争以来の不換紙《ふかんし》幣《へい》の整理に当たるなど、終始金融政策に取り組み、功績《こうせき》が認められて、明治18年（1885年）、伊藤《いとう》博文《ひろぶみ》内閣《ないかく》の下で大蔵大臣に就任《しゅうにん》した。以後、黒田清隆《きよたか》・山県有朋《やまがたありとも》内閣でも蔵相を歴任し、明治24年にはついに首相となり、蔵相をも兼任した。

国民にはあまり評判のいい内閣ではなかったが、先にも触《ふ》れたように財政に関する手腕《しゅわん》はなかなかのもので、日清・日露戦争の戦費を調達できたのは、ひとえに松方のお蔭《かげ》だったといってもいい。

明治天皇からの信頼が篤《あつ》く、あるとき、天皇から何人子どもがいるのかと尋ねられた。松方は咄《とっ》嗟《さ》に答えることができず、冒頭の言葉を奏上《そうじょう》して辞《じ》したという。

実際、松方は子福者で、13男11女の24人というからビックリである。もちろん、正妻の子供だけではない。

無礼者、馬鹿野郎。

【吉田　茂●1878〜1967】

戦後経済の再建と、日本の独立の達成に貢献《こうけん》したのが、ワンマン宰相《さいしょう》と呼ばれた吉田茂《しげる》である。

昭和28年（1953年）2月の衆議院予算委員会で、吉田首相は質問中の西村栄一社会党議員に対して、「無礼なことをいうな」と叫び、「バカヤロー」と呟いた。

吉田はすぐにこれを取り消したが、野党は納得せず、内閣不信任案が可決され、衆議院は解散された。これが、世にいう「バカヤロー解散」である。

天の声にも、たまには変な声がある。

【福田赳夫●1905〜95】

田中角栄との〃角福戦争〃に敗《やぶ》れ、三木武夫《たけお》首相の後、やっと首相の座に就《つ》いたのが福田赳夫《たけお》である。だが、福田内閣発《ほっ》足《そく》から2年後の昭和53年（1978年）12月、自民党総裁選の予備選挙で、田中角栄の後押しを受けた大平正芳《まさよし》に敗れる。それはまったくの予想外であった。

そのときの記者会見で、飄々《ひょうひょう》としながら述べたのが、冒頭の言葉である。ただし、「民の声は天の声というが」という、冒頭に入るべき言葉は省略《しょうりゃく》されている。

ちなみに、親子2代の総理大臣は、この福田赳夫と第91代首相である福田康夫《やすお》だけである。

高村光太郎／たかむらこうたろう…………230
武田信玄／たけだしんげん……………108
竹中半兵衛／たけなかはんべえ…………88
太宰治／だざいおさむ…………………228
伊達政宗／だてまさむね………………188
寺田寅彦／てらだとらひこ……………220
寺山修司／てらやましゅうじ…………236
東郷平八郎／とうごうへいはちろう…124·218
東条英機／とうじょうひでき…………158
徳川家康／とくがわいえやす…………56
徳川光圀／とくがわみつくに…………58
土光敏夫／どこうとしお………………74
鳥井信治郎／とりいしんじろう………76
豊臣秀吉／とよとみひでよし…………54·180
頓阿／とんあ……………………………46

な

直木三十五／なおきさんじゅうご………48
中江兆民／なかえちょうみん…………152
中大兄皇子／なかのおおえのおうじ……92
中村草田男／なかむらくさたお………236
中谷宇吉郎／なかやうきちろう………232
長屋王／ながやのおう…………………94
那須与一／なすのよいち………………204
夏目漱石／なつめそうせき……………38·47
二位尼／にいのあま……………………100
日蓮／にちれん…………………………140
額田王／ぬかたのおおきみ……………12

は

浜口雄幸／はまぐちおさち……………222
林 子平／はやししへい………………200
平塚らいてう／ひらつからいちょう………224
福澤諭吉／ふくざわゆきち……………212
福田赳夫／ふくだたけお………………237
藤原銀次郎／ふじわらぎんじろう………160
藤原陳忠／ふじわらののぶただ…………88
藤原道長／ふじわらのみちなが……98·128
北条早雲／ほうじょうそううん…………52
細川ガラシャ／ほそかわがらしゃ………186
本多重次／ほんだしげつぐ……………210
本田宗一郎／ほんだそういちろう………80

ま

前田利家／まえだとしいえ……………182
前田利常／まえだとしつね……………130
松尾芭蕉／まつおばしょう……………32
松方正義／まつかたまさよし…………236
松下幸之助／まつしたこうのすけ………72
三木清／みききよし……………………156
源頼朝／みなもとのよりとも…………130
宮沢賢治／みやざわけんじ……………42
宮本武蔵／みやもとむさし……………144
武者小路実篤／むしゃのこうじさねあつ…164
紫式部／むらさきしきぶ………………22
室生犀星／むろうさいせい……………44
森鷗外／もりおうがい…………………196
盛田昭夫／もりたあきお………………82

や

倭建命(日本武尊)／やまとたけるのみこと…10
山中鹿之介／やまなかしかのすけ……116
山上憶良／やまのうえのおくら…………14
山上宗二／やまのうえそうじ…………166
山本五十六／やまもといそろく…………68
山本常朝／やまもとつねとも…………146
与謝野晶子／よさのあきこ……………40
吉川英治／よしかわえいじ……………70
吉田茂／よしだしげる…………………237
吉田松陰／よしだしょういん…………192

人物索引

あ

青井忠治／あおいちゅうじ…………………78
秋山真之／あきやまさねゆき…………216
明智光秀／あけちみつひで……………114
浅野内匠頭／あさのたくみのかみ………190
足利尊氏／あしかがたかうじ……………172
安倍晴明／あべのせいめい………………46
阿倍仲麻呂／あべのなかまろ……………16
安国寺恵瓊／あんこくじえけい…………129
石川五右衛門／いしかわごえもん………178
石川啄木／いしかわたくぼく……………88
石川理紀之助／いしかわりきのすけ……62
石田三成／いしだみつなり………………129
板垣退助／いたがきたいすけ……………214
一休宗純／いっきゅうそうじゅん………200
一遍／いっぺん……………………………166
犬養毅／いぬかいつよし…………………198
井原西鶴／いはらさいかく………………30
井伏鱒二／いぶせますじ…………………234
上杉謙信／うえすぎけんしん……………110
大石内蔵助／おおいしくらのすけ………200
太田道灌／おおたどうかん………128・174
大津皇子／おおつのおうじ………………168
織田信長／おだのぶなが…………112・176
落合直文／おちあいなおぶみ……………154
小津安二郎／おづやすじろう……………162
尾上菊五郎／おのえきくごろう…………166
小野老／おののおゆ………………………46
小野小町／おののこまち…………………18

か

快川紹喜／かいせんじょうき……………208
加賀千代女／かがのちよじょ……………34
梶井基次郎／かじいもとじろう…………48
葛飾北斎／かつしかほくさい……………148
嘉納治五郎／かのうじごろう……………64
鴨長明／かものちょうめい………………26
北大路魯山人／きたおおじろさんじん……166
空海／くうかい……………………………132
空也／くうや………………………………136
楠木正季／くすのきまさすえ……………106
兼好法師／けんこうほうし……………28・46
五島慶太／ごとうけいた…………………88
後鳥羽上皇／ごとばじょうこう…………104
小林一茶／こばやしいっさ………………36
近藤勇／こんどういさみ…………………120

さ

西郷隆盛／さいごうたかもり……………122
斎藤実盛／さいとうさねもり……………128
坂田三吉／さかたさんきち………………226
坂本龍馬／さかもとりょうま……………118
佐久間象山／さくましょうざん…………150
佐野源左衛門／さのげんざえもん………102
重光武雄／しげみつたけお………………84
十返舎一九／じっぺんしゃいっく………200
渋沢栄一／しぶさわえいいち……………60
聖徳太子／しょうとくたいし………90・130
昭和天皇／しょうわてんのう……………126
白河上皇／しらかわじょうこう…………206
親鸞／しんらん……………………………138
菅原道真／すがわらのみちざね…………96
鈴木三郎助／すずきさぶろうすけ………66
鈴木敏文／すずきとしふみ………………86
世阿弥／ぜあみ…………………………50・142
清少納言／せいしょうなごん……………20

た

平時忠／たいらのときただ………………202
平知盛／たいらのとももり………………170
平将門／たいらのまさかど………134・166
高杉晋作／たかすぎしんさく……………194

執筆者一覧◆五十音順

あーりー（ライター）◆P.10～48、72～87
今井敏夫（いまい・としお／作家）◆P.50～71、88、90～130
滝澤美貴（たきざわ・みき／歴史研究家）◆P.168～187
堤　昌司（つつみ・しょうじ／ライター）◆P.132～166、188～200
露木　馨（つゆき・かおる／ライター）◆P.202～237

イラスト

堀口順一朗（ほりぐち・じゅんいちろう）

思わず知りたくなる！ **日本の名言141**

2008年2月19日　第1版発行

編　　者　日本歴史ウンチク研究会
デザイン　古川秀明
企　　画　菊地のぶお
編集担当　村瀬紀子
編 集 長　佐藤香澄
発 行 人　大沢広彰
発 行 所　株式会社 学習研究社
〒145-8502　東京都大田区上池台4-40-5
印刷・製本　中央精版印刷株式会社
DTP制作　株式会社明昌堂

この本に関するお問い合わせは、次のところにご連絡ください。
◎編集内容については　03-5447-2316（編集部直通）
◎在庫、不良品（落丁、乱丁）については　03-5496-8188（出版営業部）
◎それ以外のこの本に関するお問い合わせは、
学研・お客様センター「歴史群像シリーズ」係へ
文書は〒146-8502　東京都大田区仲池上1-17-15
電話は03-3726-8124

落丁・乱丁本はお取り替えいたします。